The Little Forest with Sonatina

조영준 편저

세광음악출판사

머리말

"분명한 재능" - 모데카이 쉐호리 피아니스트
"Obviously talented" - Mordecai Shehori

"천부적인 재능을 가진 피아니스트" - 라리사 슬루츠까야 교수
'Унего Спасобност" - Лариса Слуцкая Евдокимовна"
(모스크바 국립 차이콥스키 음악원 교수)

안녕하세요. 피아니스트 조영준입니다.
〈꿈꾸는 알렉스 콩쿠르곡집〉과 〈알렉스 피아노 연주곡집 매직 포레스트〉에 이어
〈더 리틀 포레스트 위드 소나티나 (The Little Forest with Sonatina)〉를 출간하게 되었습니다.

이 책은 바이엘 4권 수준부터 시작할 수 있는 교재입니다. 클래식 스타일을 바탕으로 어린 학생들이
작품을 보다 쉽고 빠르게 이해하고 연주할 수 있도록 구성하였습니다.

직접 작곡한 "리본체조", "종이접기"를 비롯하여, 레오폴드 모차르트 (모차르트의 아버지)의 작품을
비롯해 국내에 처음 소개되는 소중한 곡들도 함께 수록되어 있습니다.

늘 가치 있는 책을 출간할 수 있도록 저를 빛내주신 세광음악출판사 박현수 대표님과 강성호 전무님,
항상 따뜻한 격려와 도움을 주신 편집부 한송이 차장님, 김나원 대리님, 책을 전국으로 소개하시느라
늘 애써주시는 영업부 윤미희 부장님 그리고 엄기태 차장님, 디자인팀 관계자분.
끝으로, 사랑하는 부모님 그리고 가족들에게 깊은 감사드립니다.

피아니스트 조영준

차례

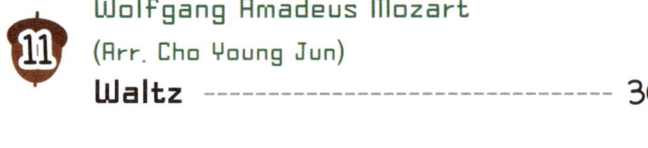

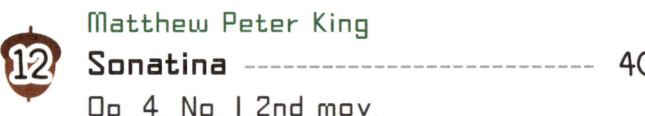

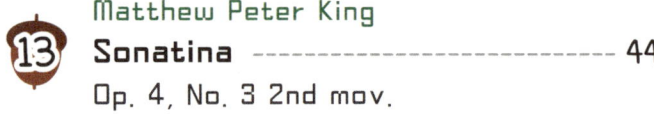

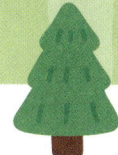

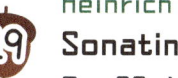

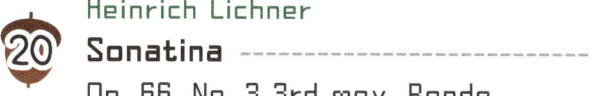

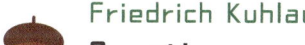

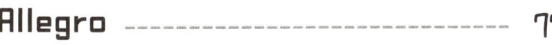

에튀드

Op. 160, No. 15

1. **p**(피아노)를 너무 작지 않게, 부드러운 소리로 연주합니다.

2. 페달의 시작은 호흡과 함께 점진적으로 사용합니다.

3. 9마디 **mf**(메조 포르테) 전, 데크레셴도(*decresc.*) 하여 준비합니다.

L. Schytte
쉬테

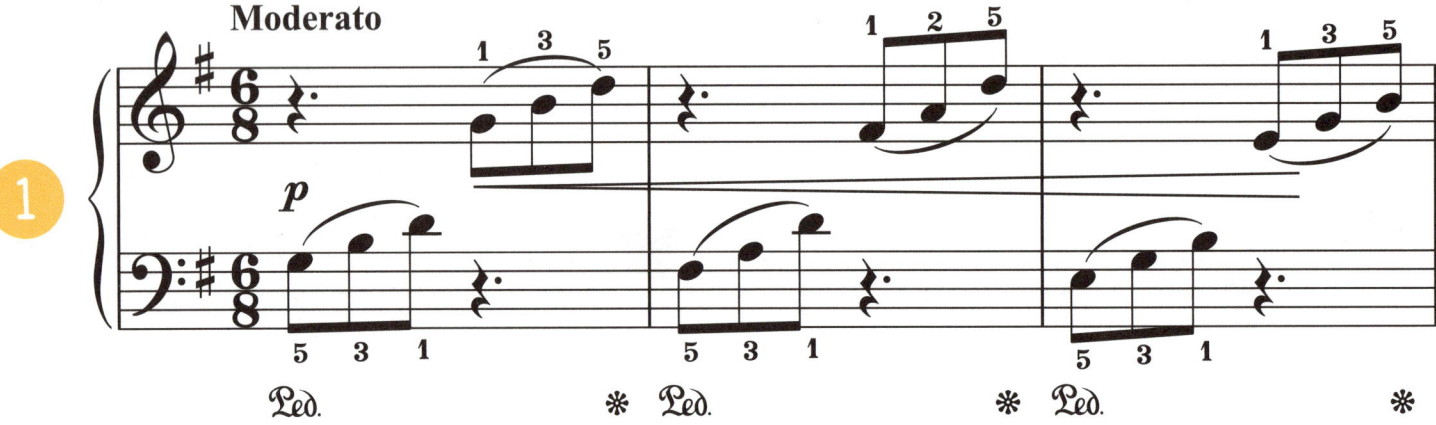

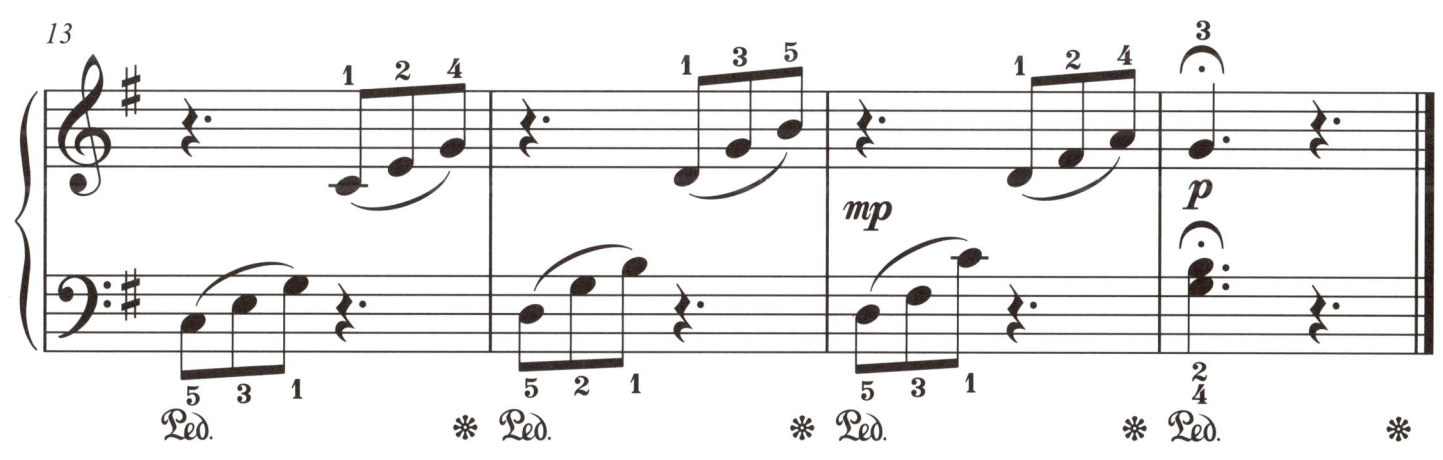

에튀드

Op. 160, No. 16

1. 하행하는 양손의 아르페지오를 디미누엔도(*dim.*)처럼 소리를 줄이며 연주합니다.

2. 5마디를 지나 6마디 크레셴도(*cresc.*)부터는 왼손의 소리를 보다 뚜렷하게 연주합니다.

3. 9마디부터 12마디까지 오른손의 첫 음을 제외하고 모두 소리를 줄여서 연주합니다.

L. Schytte
쉬테

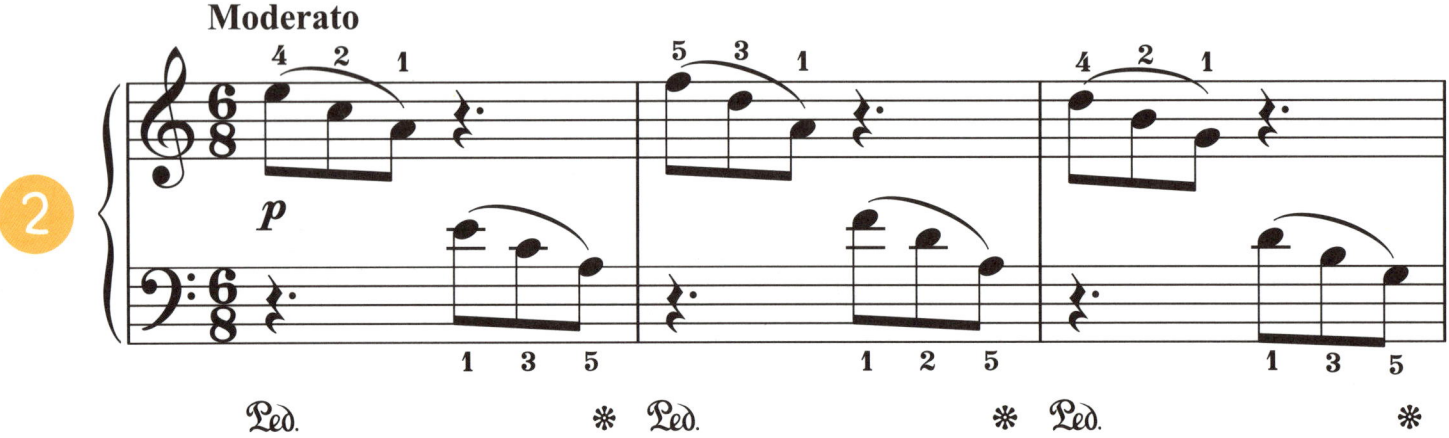

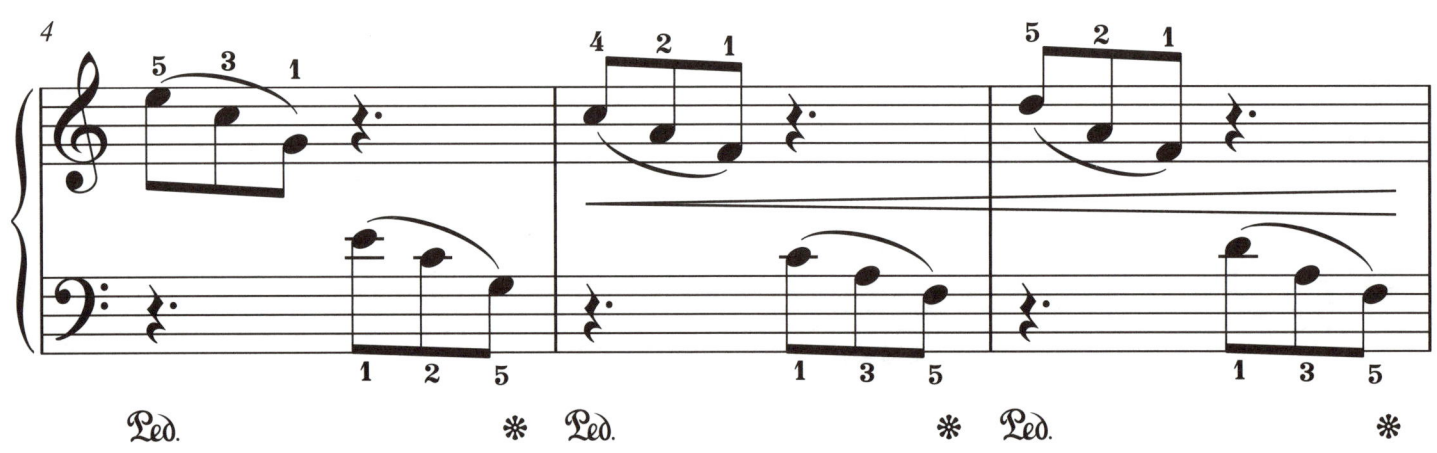

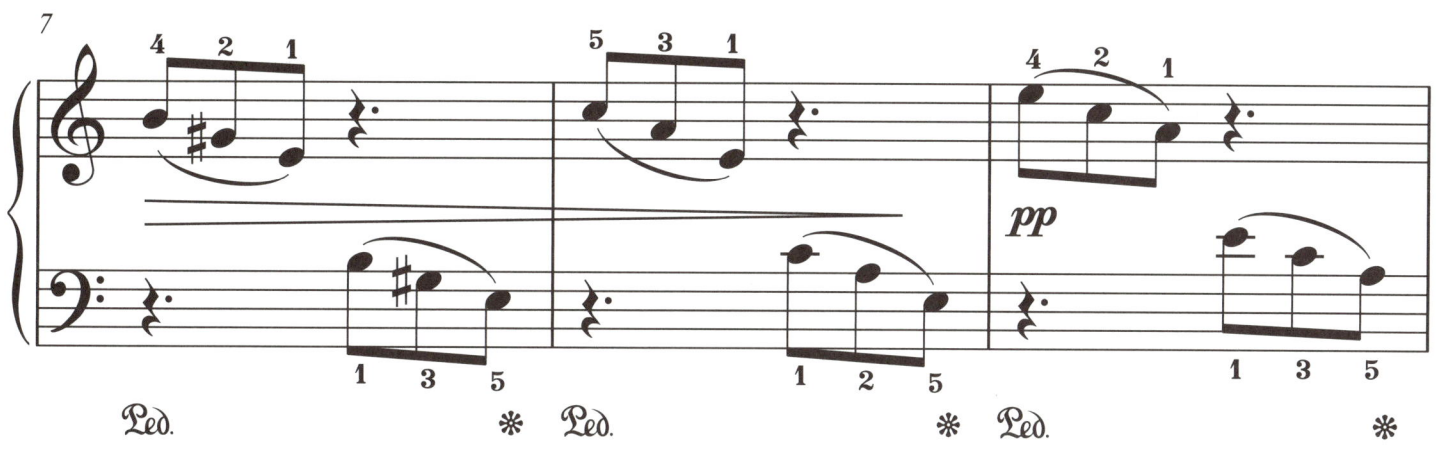

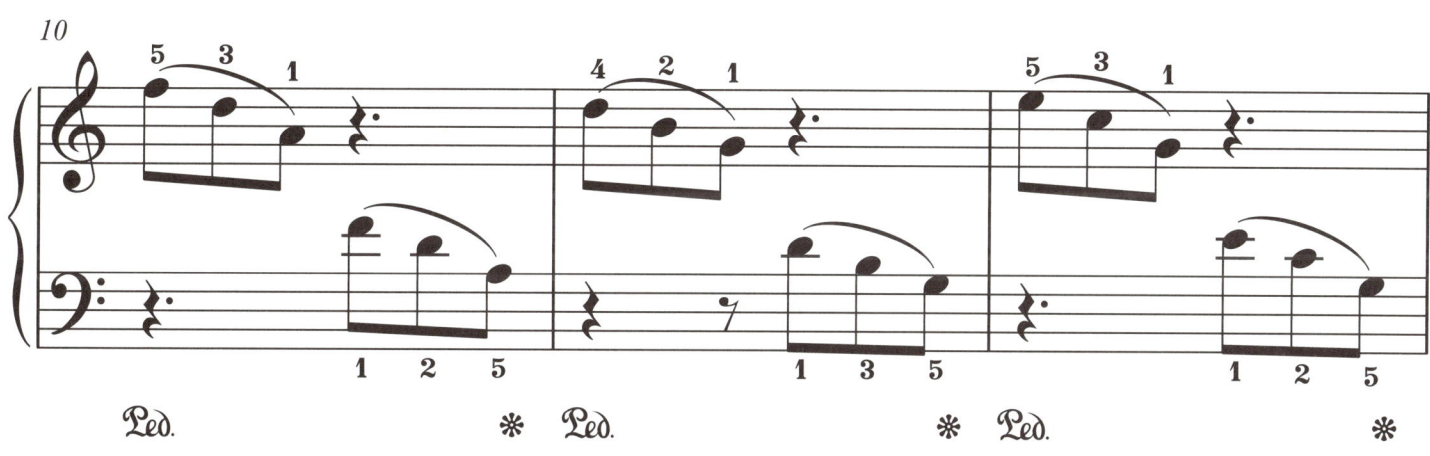

소나티나

Baby Step

1. 아기가 엉덩방아를 찧으며, 세 번의 시도 끝에 일어선 모습을 상상하며 연주합니다.

2. 8분음표 스타카토와 쉼표, 슬러를 뚜렷하게 표현합니다.

3. *sf* (스포르찬도)는 제스처를 크게, *mp* (메조 피아노)는 건반에 밀착하여 연주합니다.

Cho Young Jun
조영준

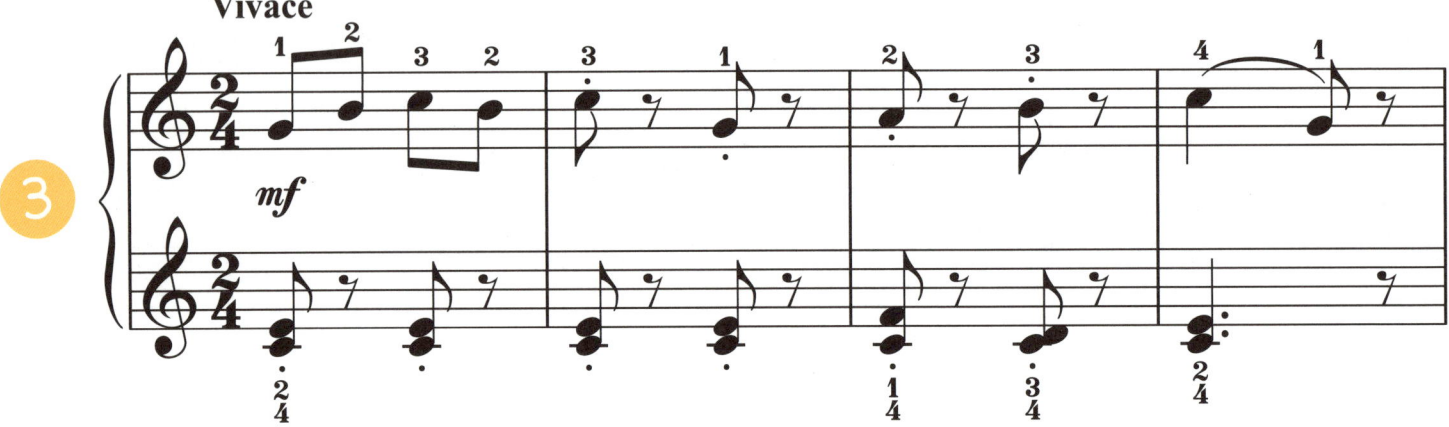

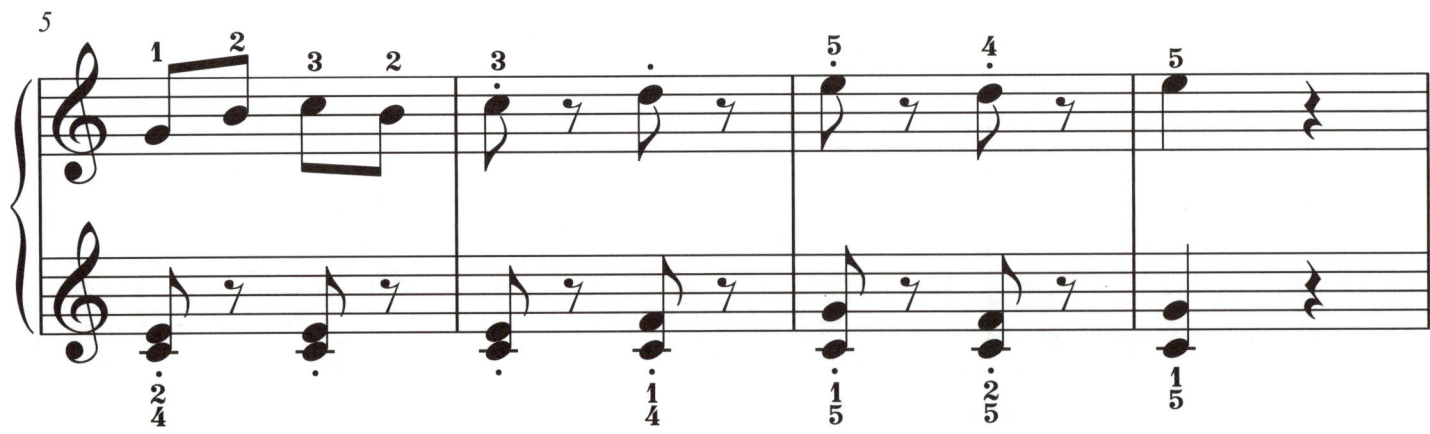

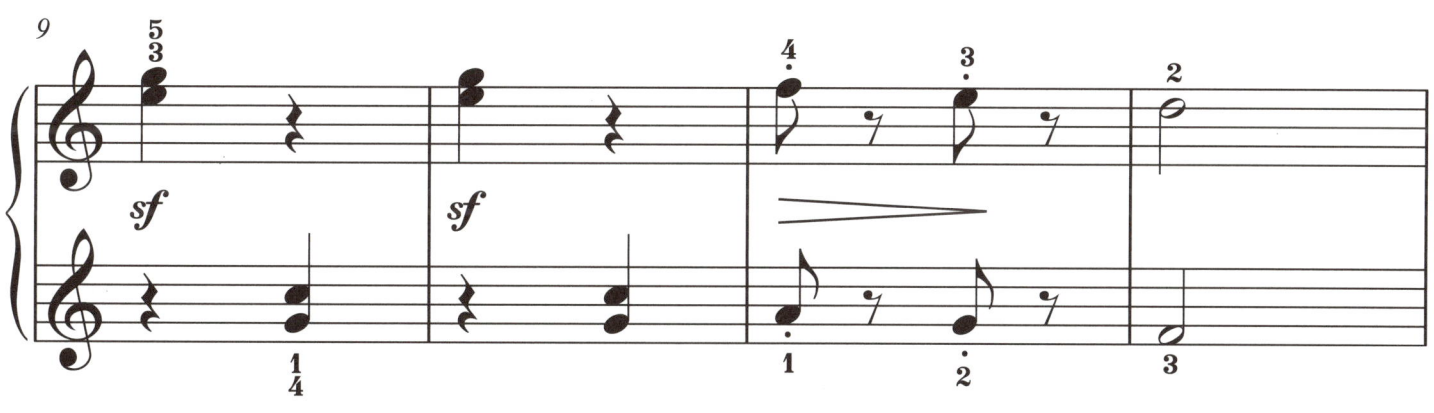

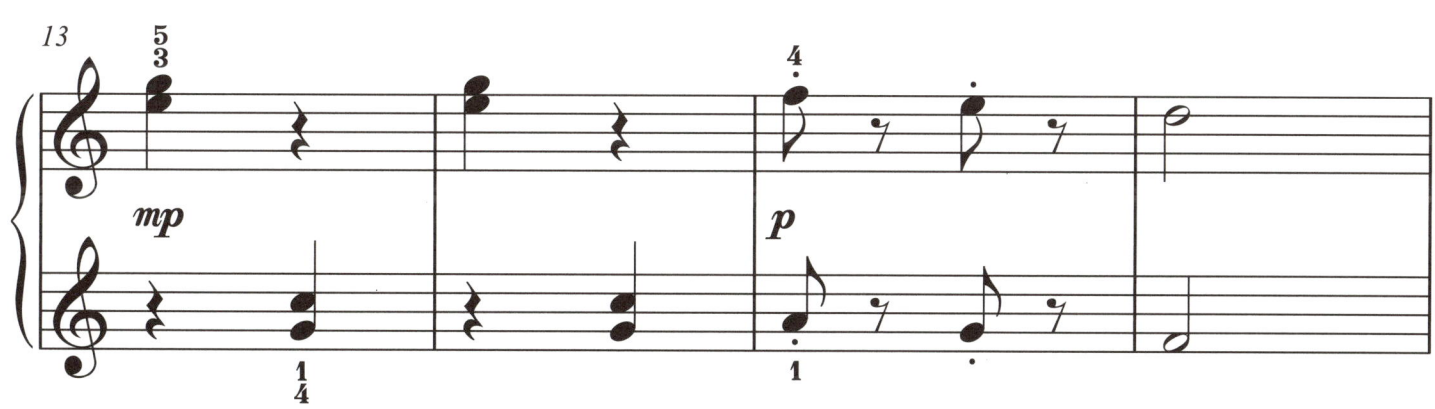

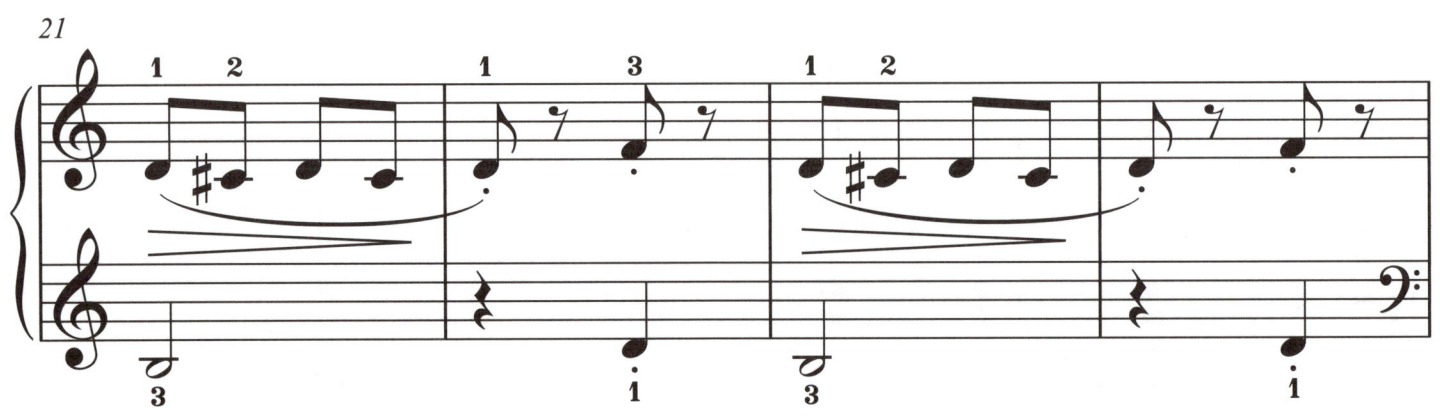

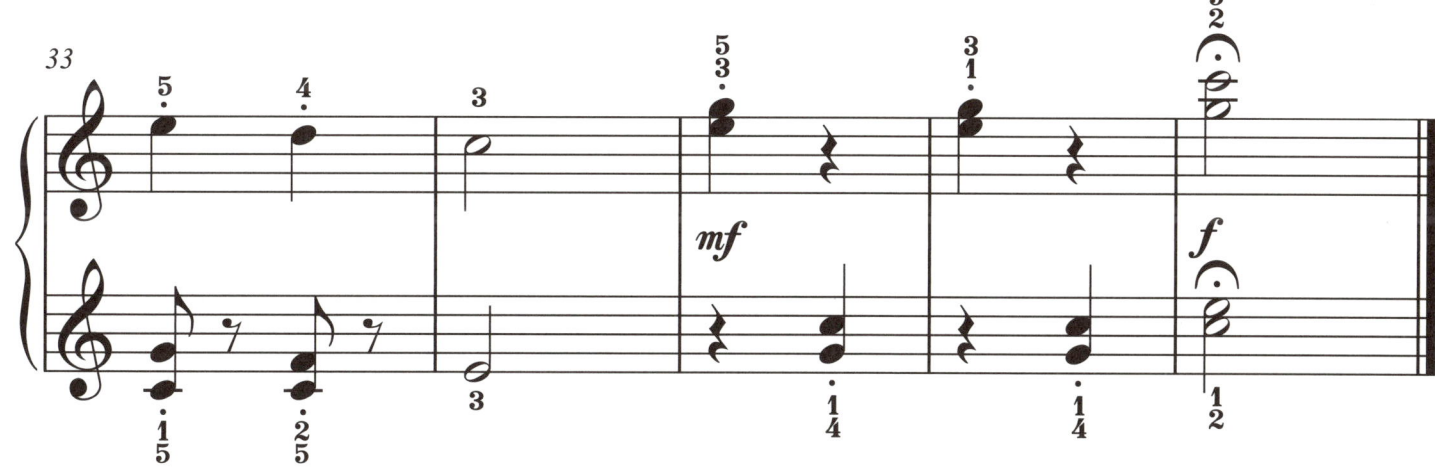

소나티나

Op. 4, No. 1 1st mov.

1. 안단테(Andante : 느리게)이지만 도약, 순차 진행하는 음을 콘 브리오(Con brio : 활기차게)로 노래합니다.

2. 건반에 밀착해서 터치하며, 거친 소리가 나지 않도록 주의합니다.

3. 규칙적인 리듬과 안정감 그리고 약간의 유동성으로 작품의 통일감을 주며 연주합니다.

M. P. King
킹

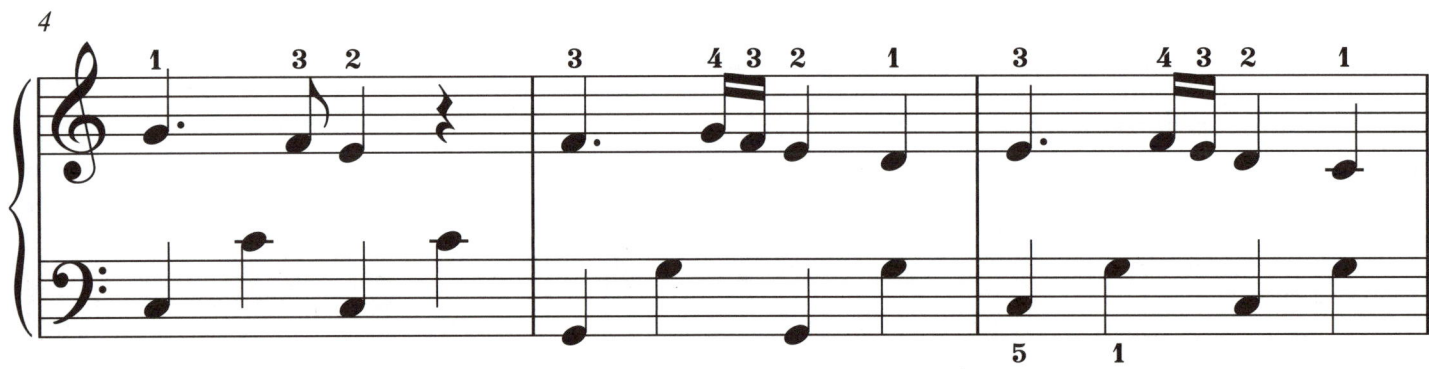

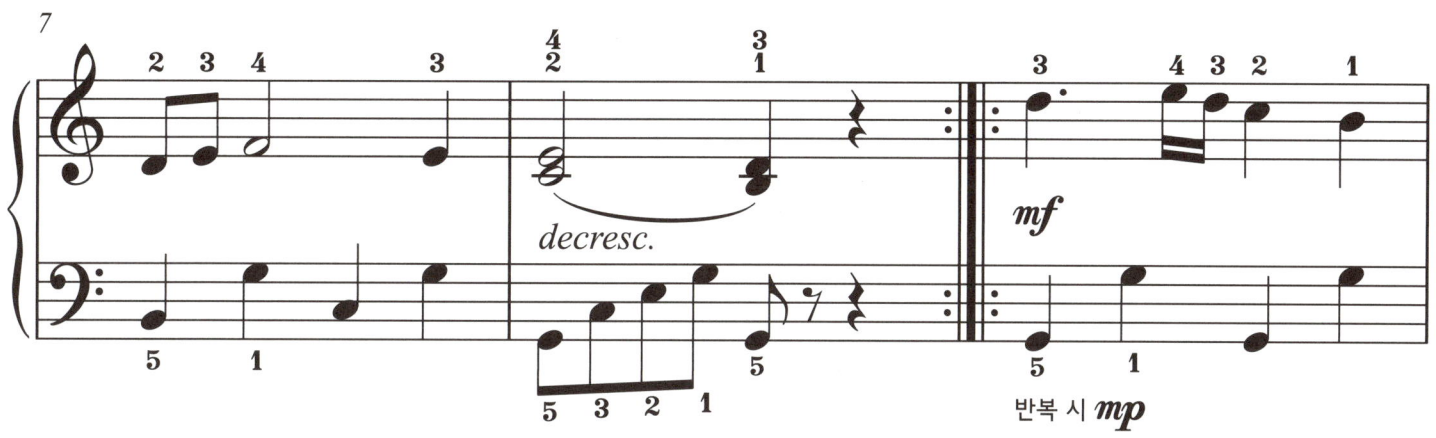

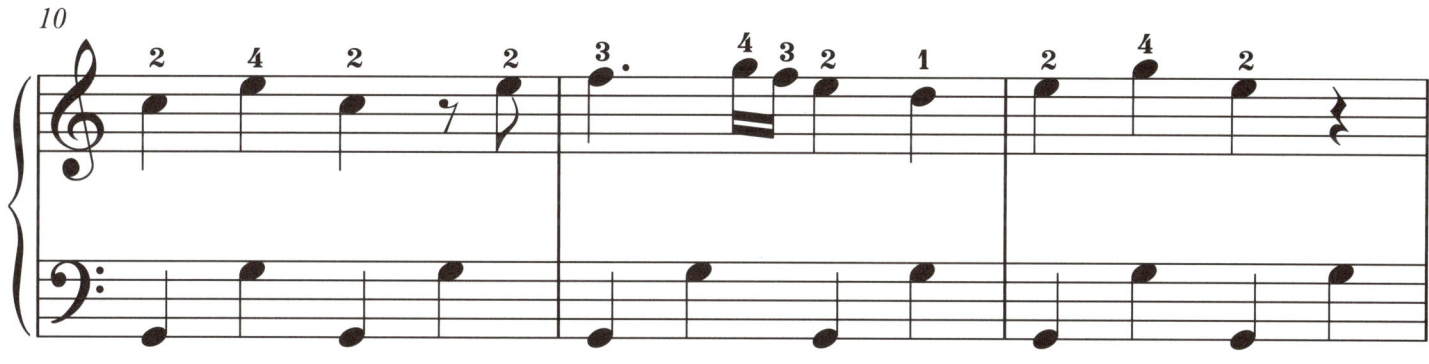

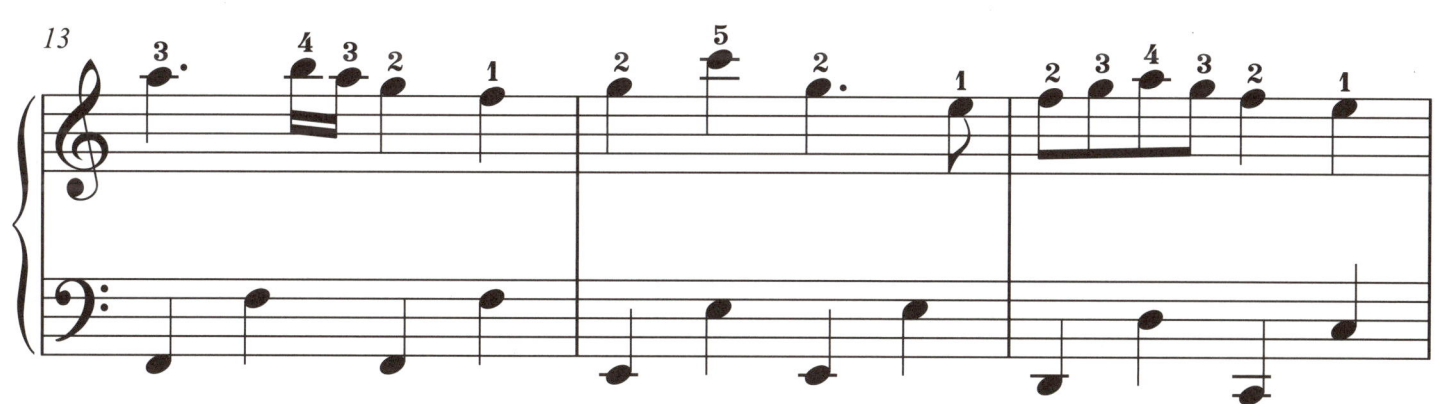

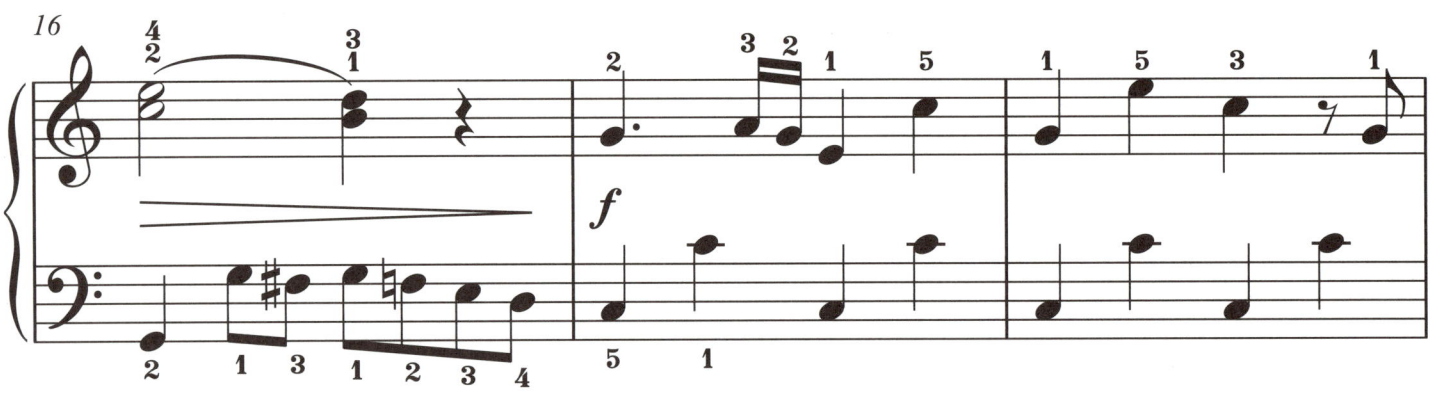

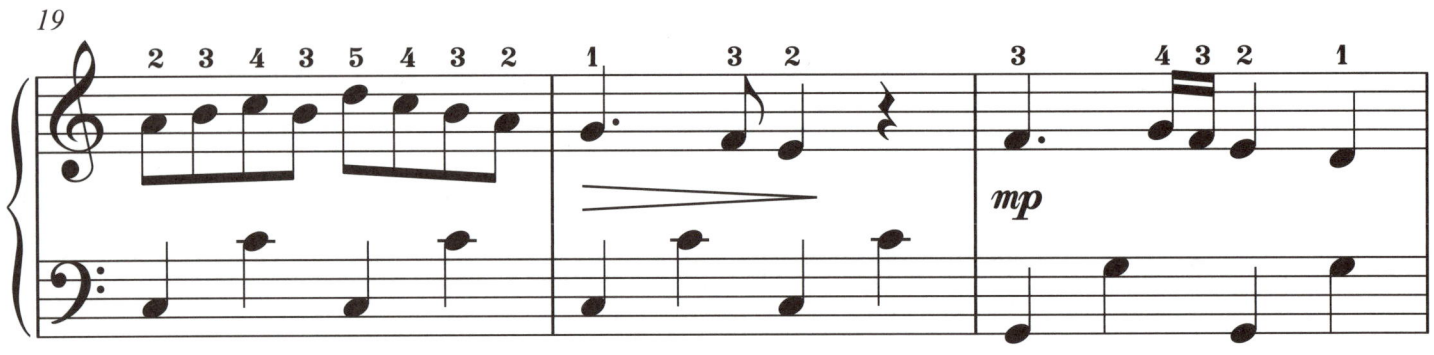

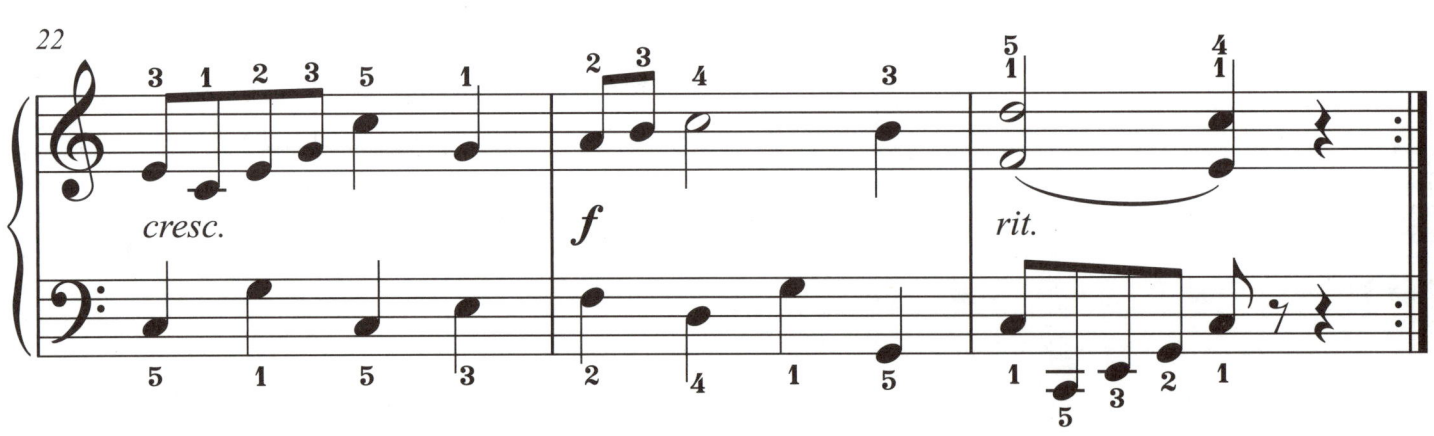

소나티나

Have to Hurry

1. 아침 등교 시간에 친구와 함께 서둘러 학교에 가는 모습을 상상하며 연주합니다.

2. I마디처럼 *fp*(피아노포르테)가 나오는 마디는 세 번째 박까지 *f*(포르테)로, 마지막 음은 *p*(피아노)로 연주합니다.

3. 3-4마디처럼 크레셴도(*cresc.*)와 *sf*(스포르찬도)가 나올 경우, 건반 가까이 시작하여 제스처를 점점 크게 합니다.

Cho Young Jun
조영준

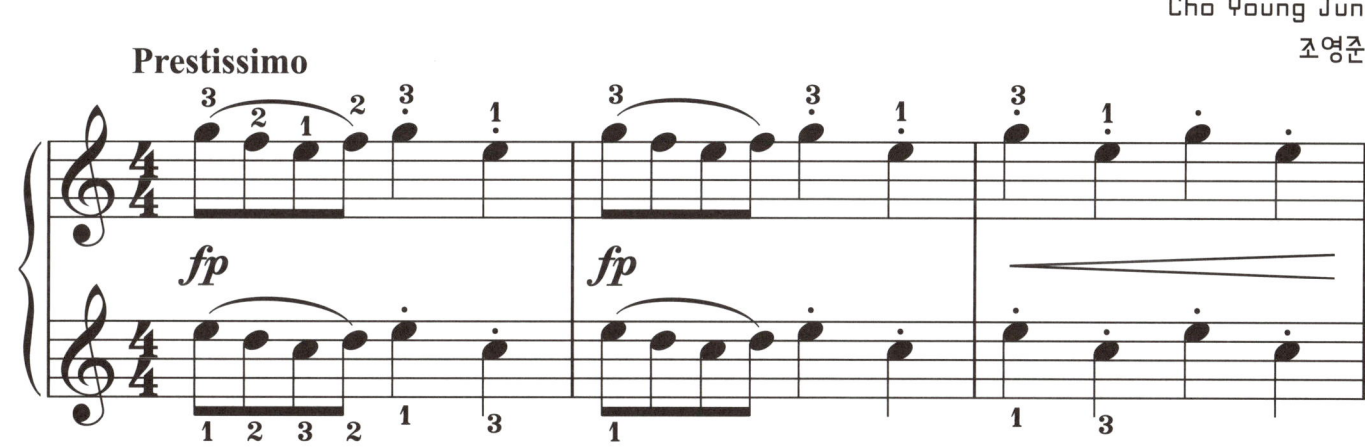

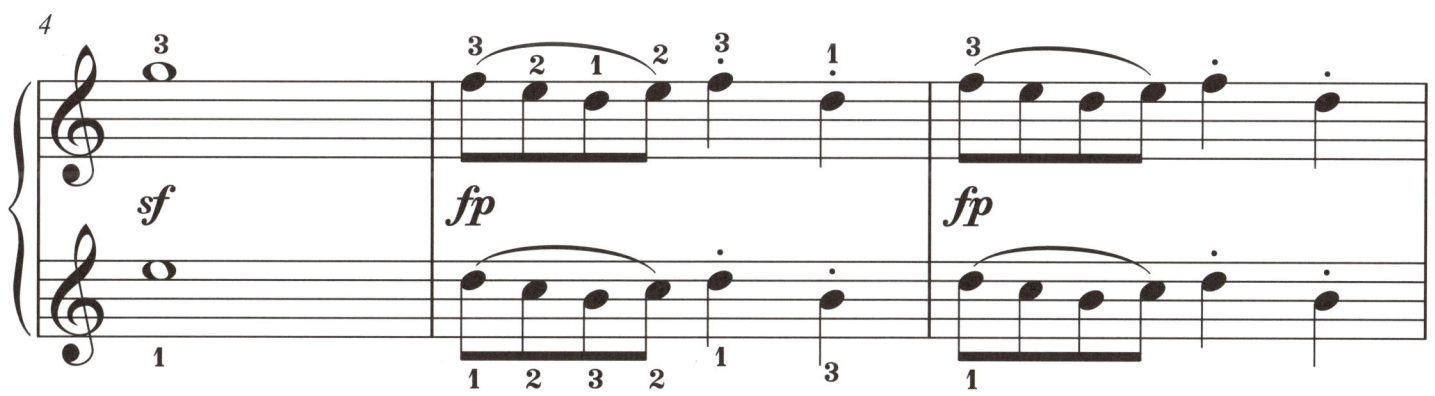

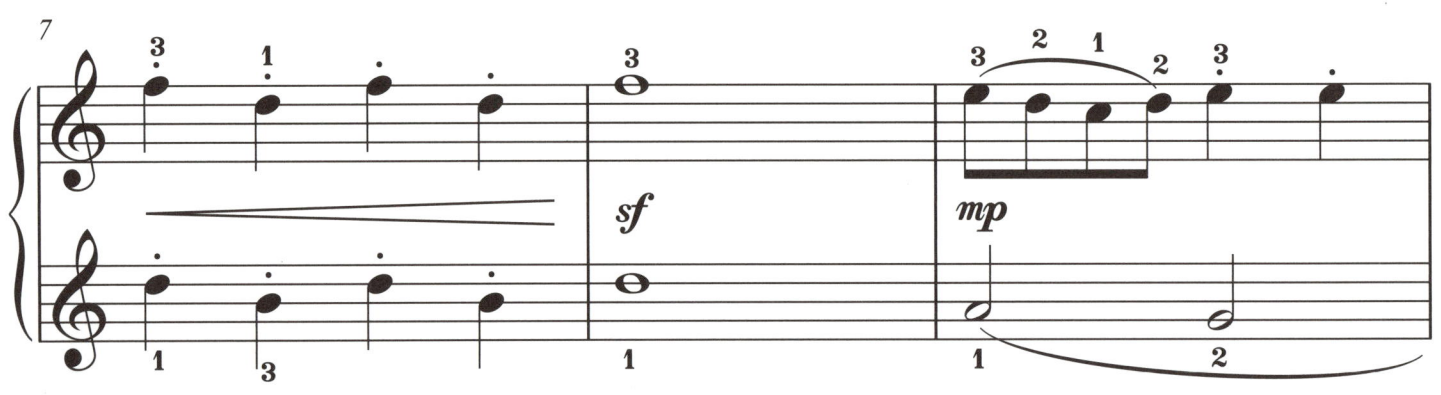

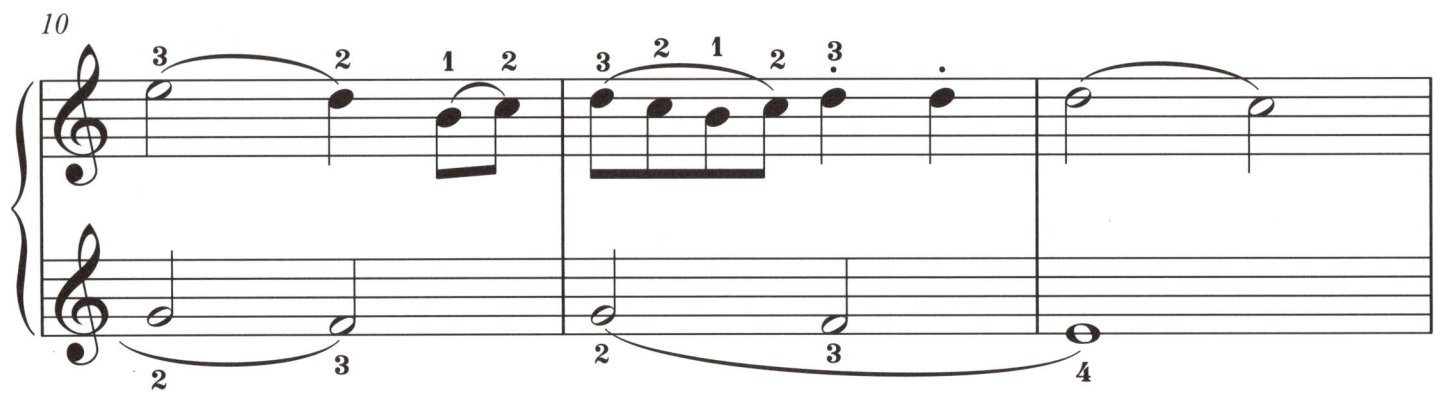

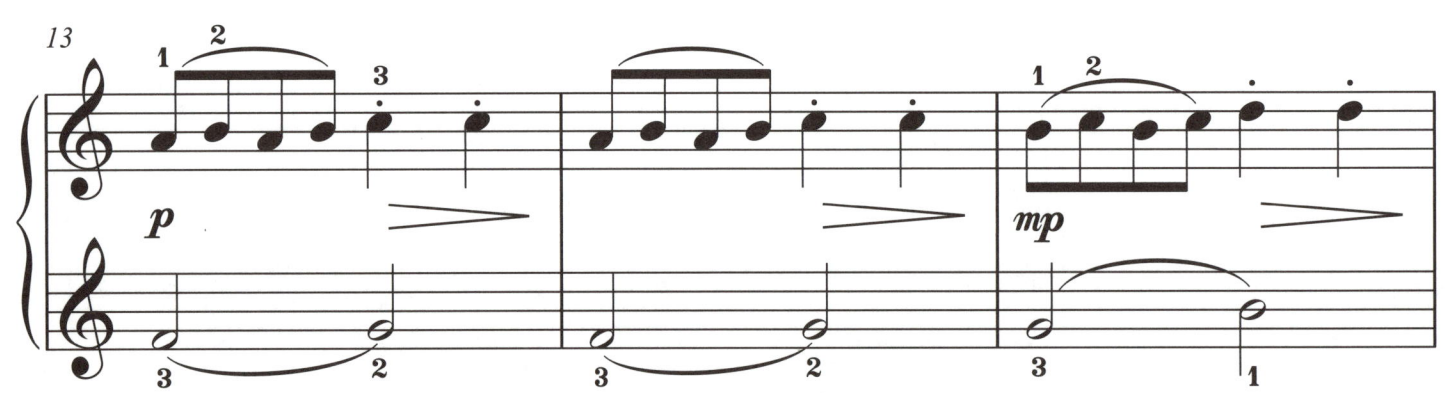

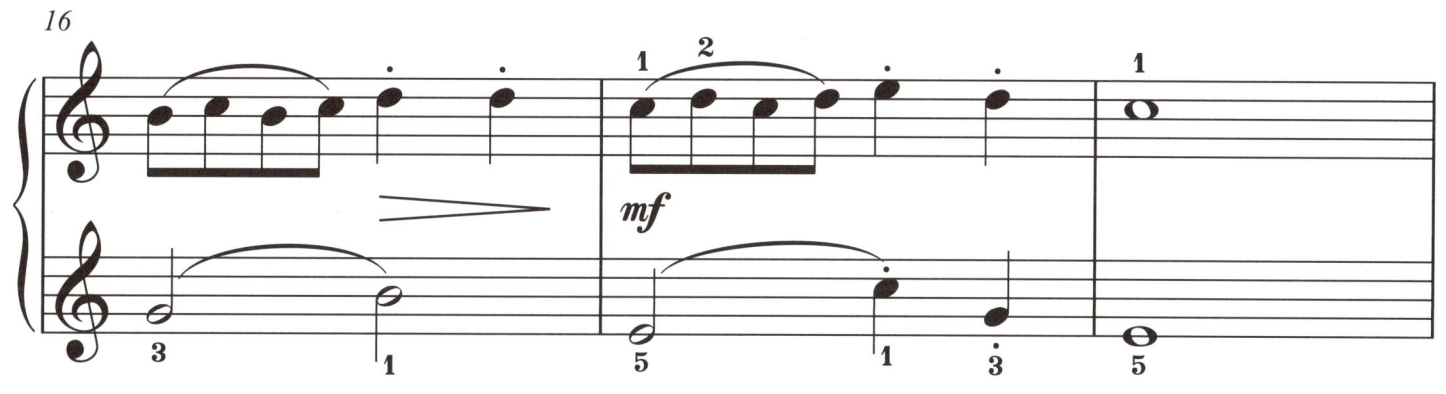

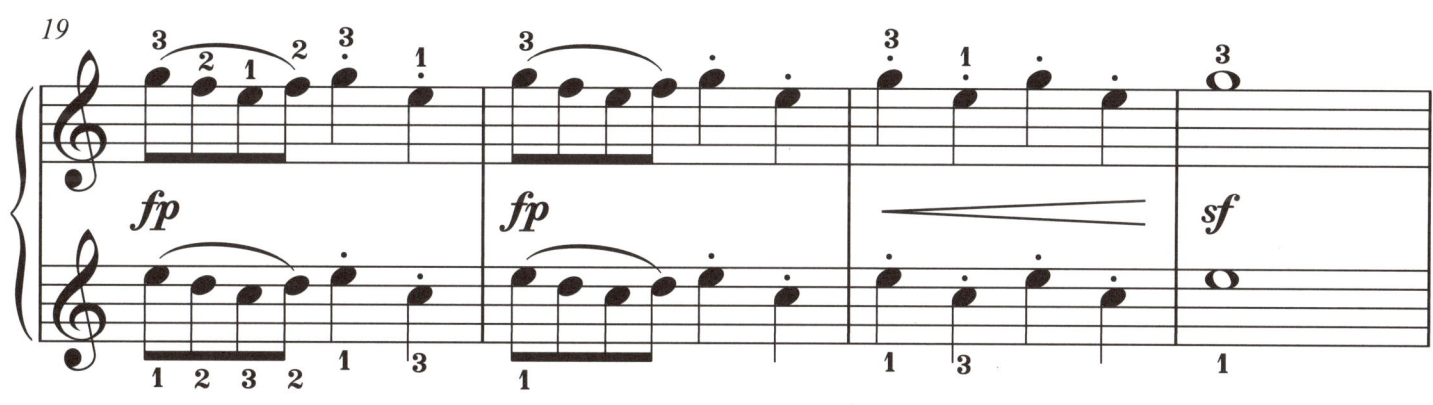

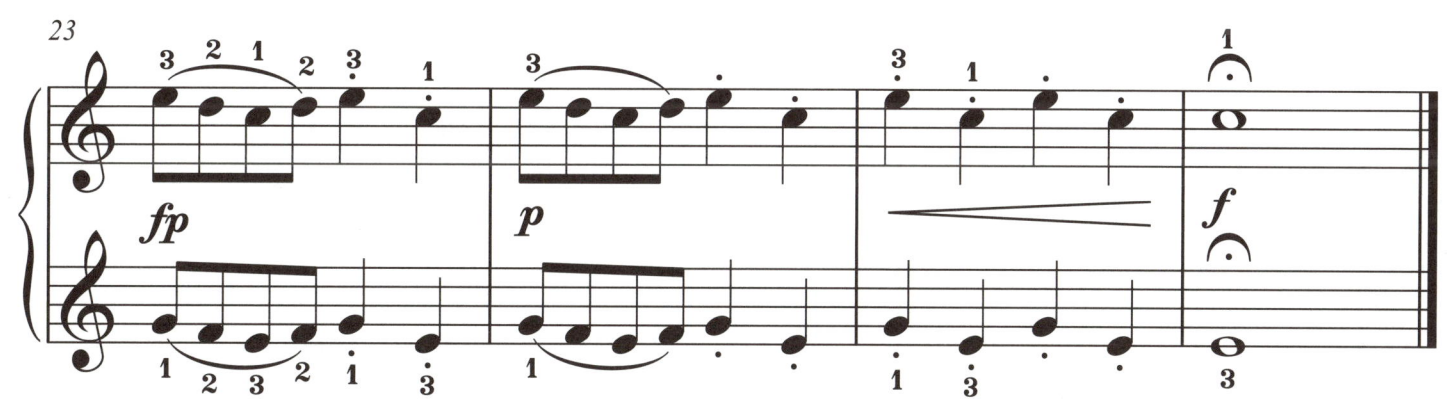

미뉴에트

No. 1

1. 1마디 오른손에서 2마디 왼손으로 멜로디 라인을 노래합니다.

2. 5마디는 리듬감 있게, 6마디는 유연하게 노래합니다.

3. 11, 12마디 오른손 3도 하행 두 번 후, 13마디 5도 하행 음정을 호소력 있게 표현합니다.

L. Mozart (Arr. Cho Young Jun)
레오폴트 모차르트(편곡 : 조영준)

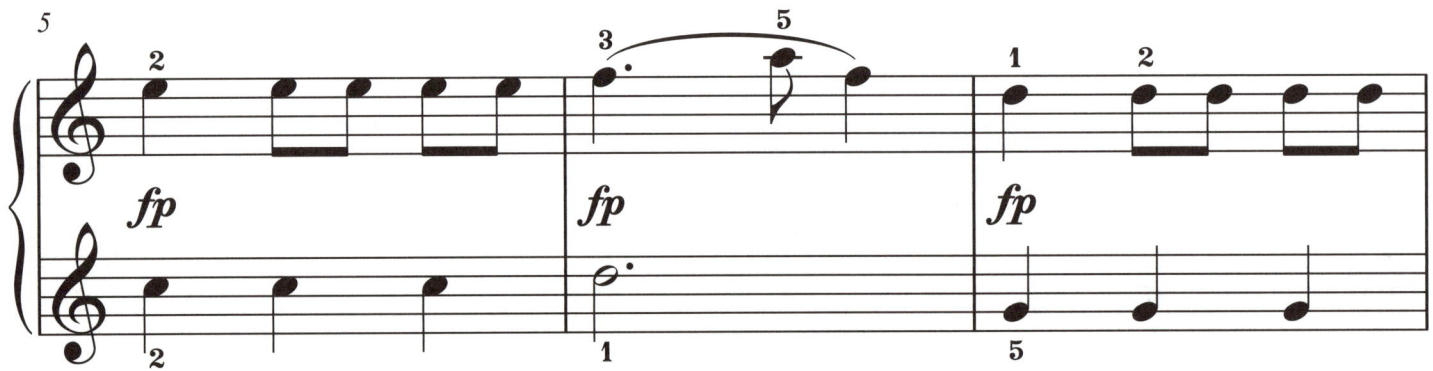

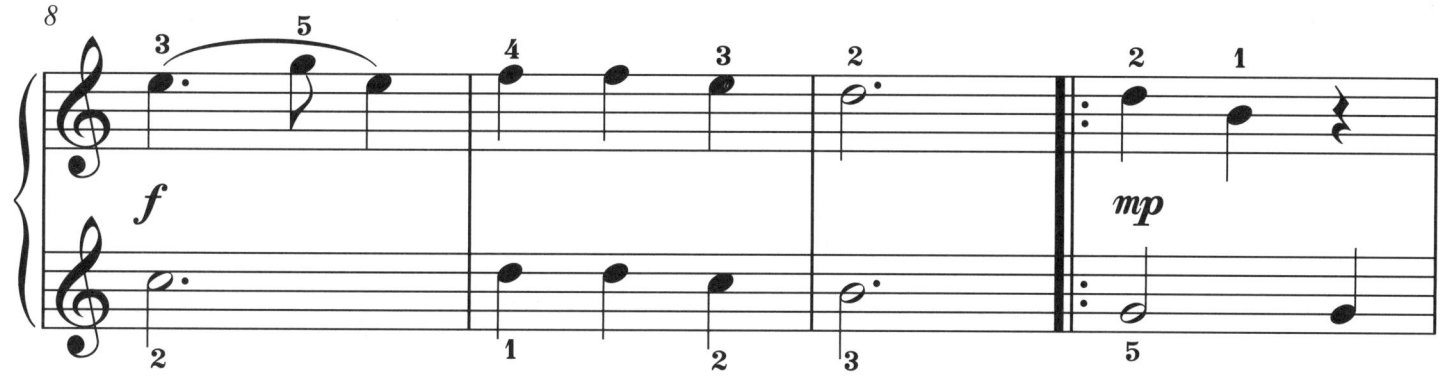

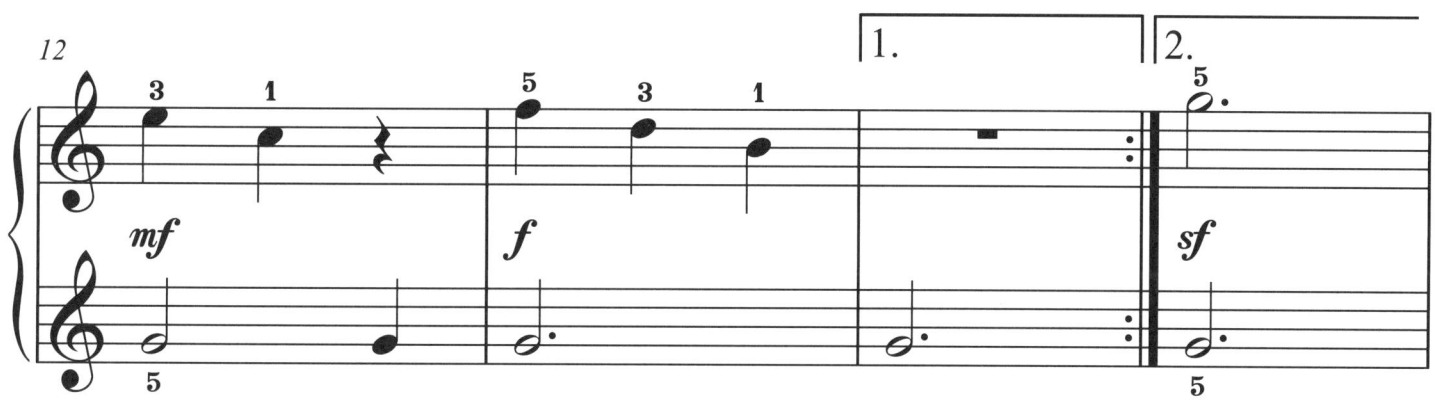

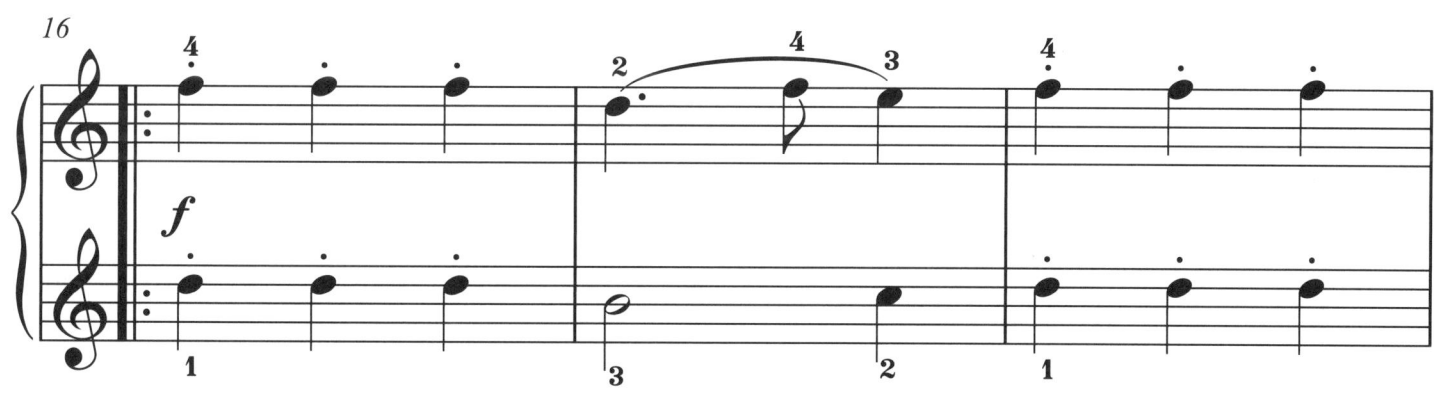

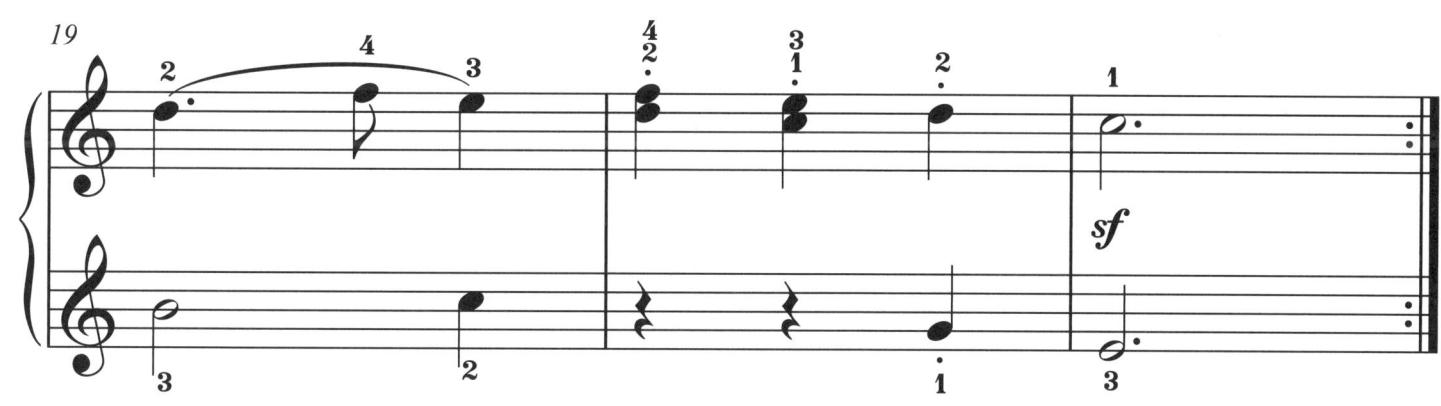

소나티나

종이접기

1. 왼손 알베르티 베이스는 리듬 강조보다 화성에 집중해 연주합니다.

2. *mf* (메조 포르테)로 시작하는 1마디부터 2마디 오른손 슬러까지 충분히 터치하며, 5-6마디의 *p* (피아노)와 대비되게 연주합니다.

3. 17-18마디 크레셴도 (*cresc.*)와 디미누엔도 (*dim.*) 표현에서 페달 표시에 주의하며 연주합니다.

Cho Young Jun
조영준

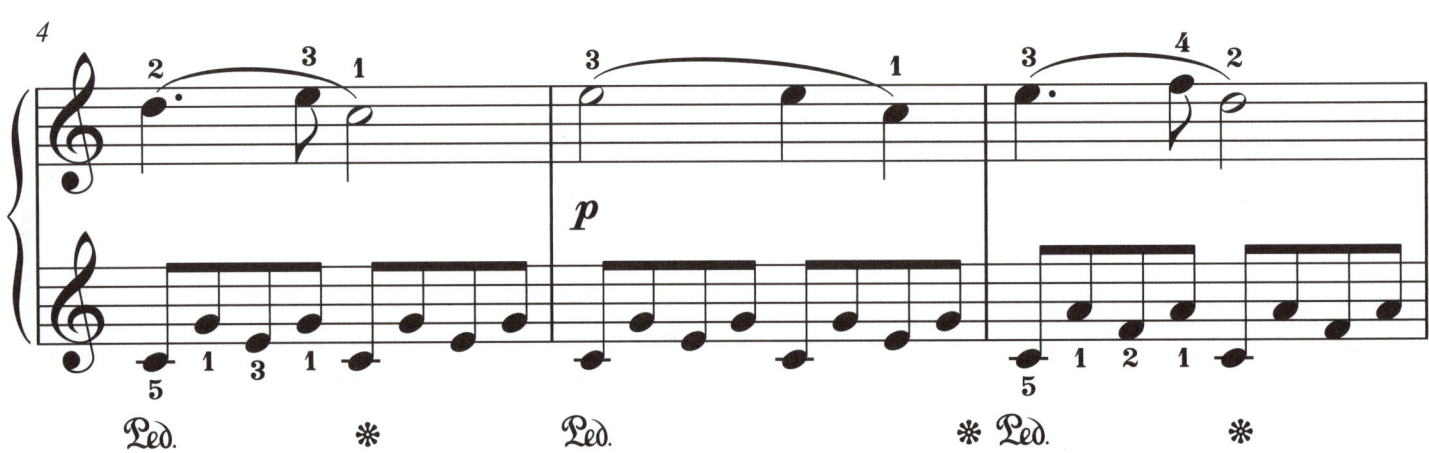

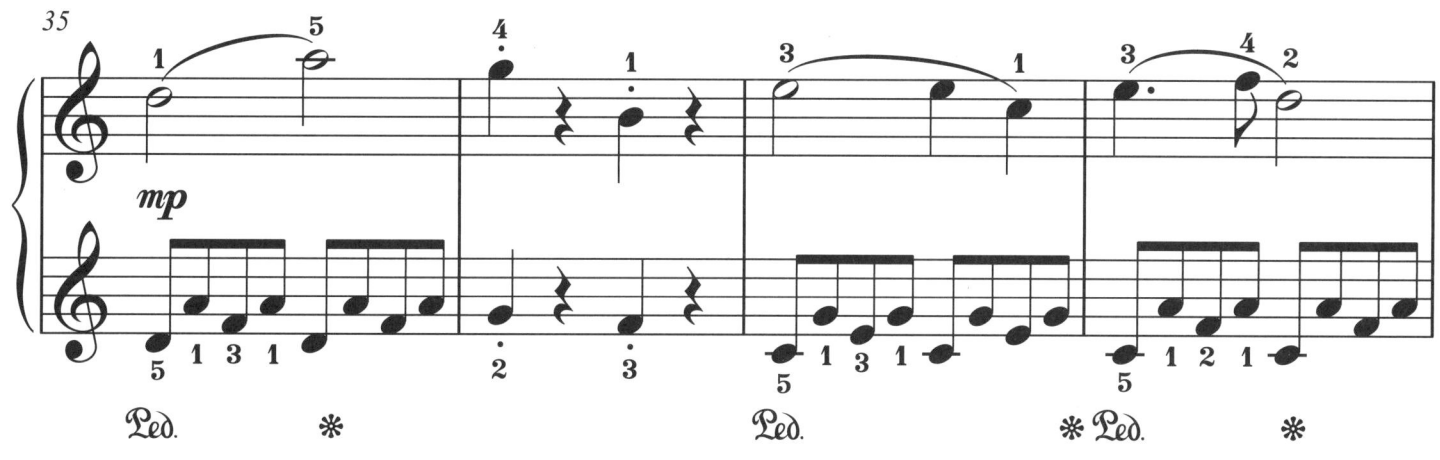

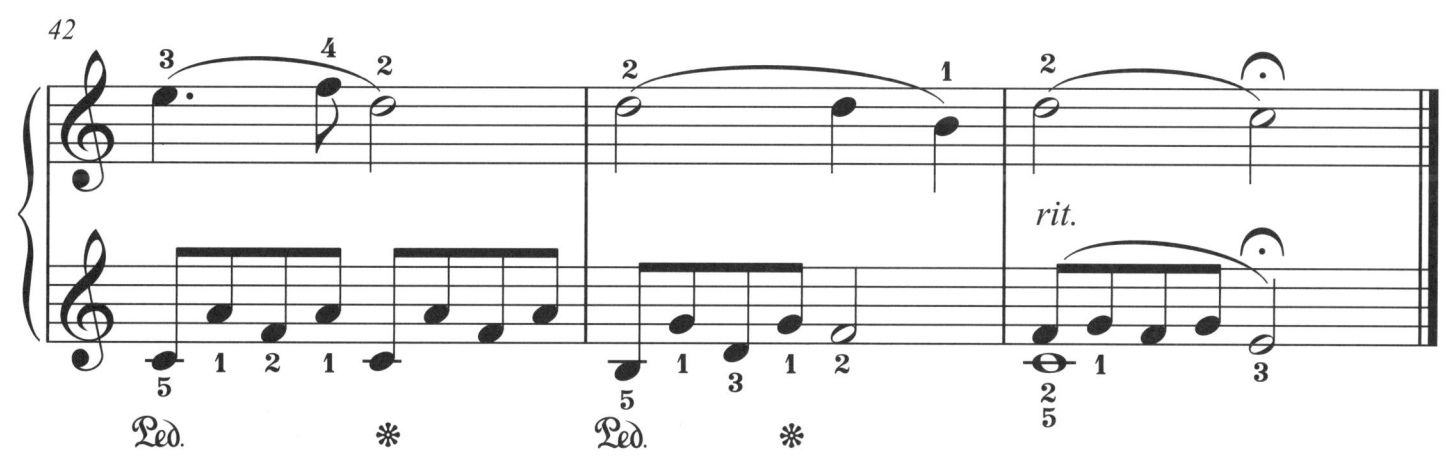

소나티나

Op. 5, No. 3 2nd mov.
Menuet

1. 현악기의 소리를 상상하며, 타악기처럼 연주되지 않도록 주의합니다.

2. 5-7마디 첫 번째 박자의 음까지 호흡이 길어지지 않도록, *slower* 표시부터 여유 있게 노래합니다.

3. *mp* (메조 피아노)와 *mf* (메조 포르테) 표기로 미루어보아, 작곡가는 거친 소리를 원하지 않았다는 것을 알 수 있습니다.

C. H. Wilton
윌튼

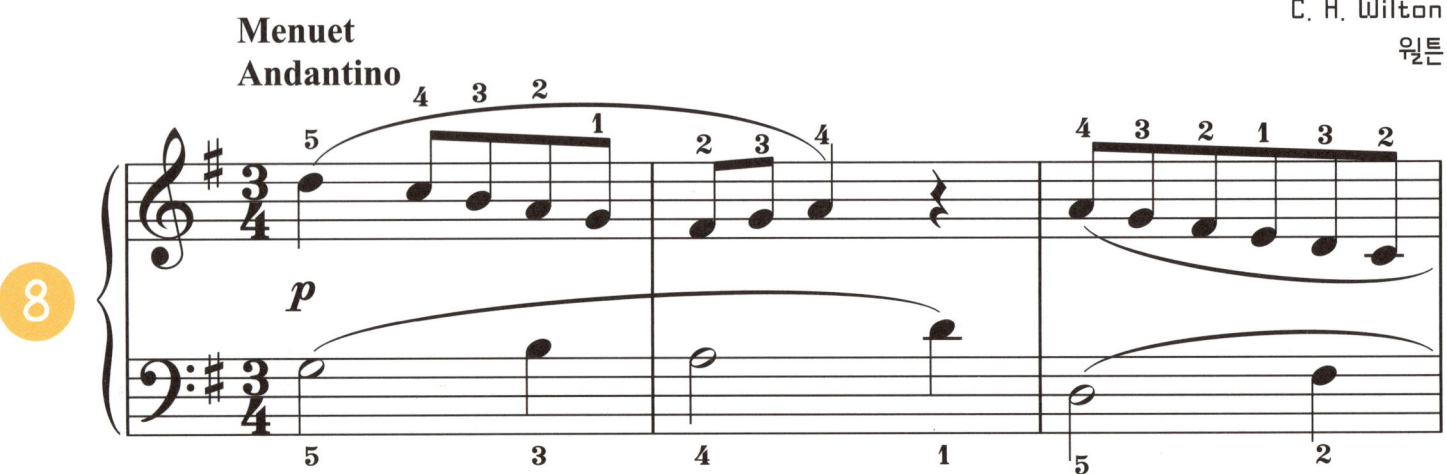

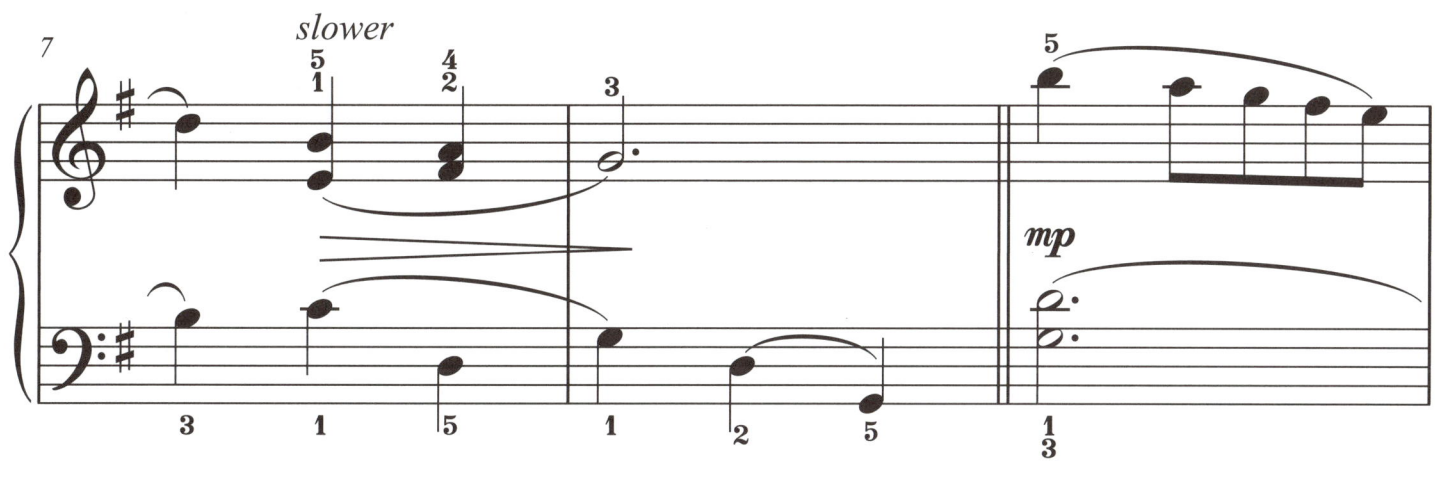

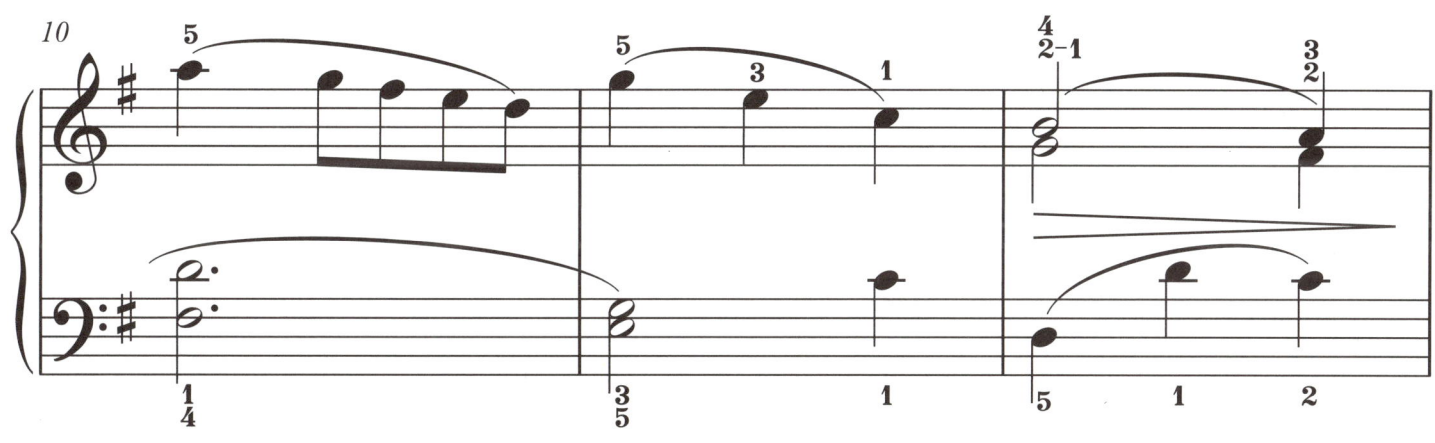

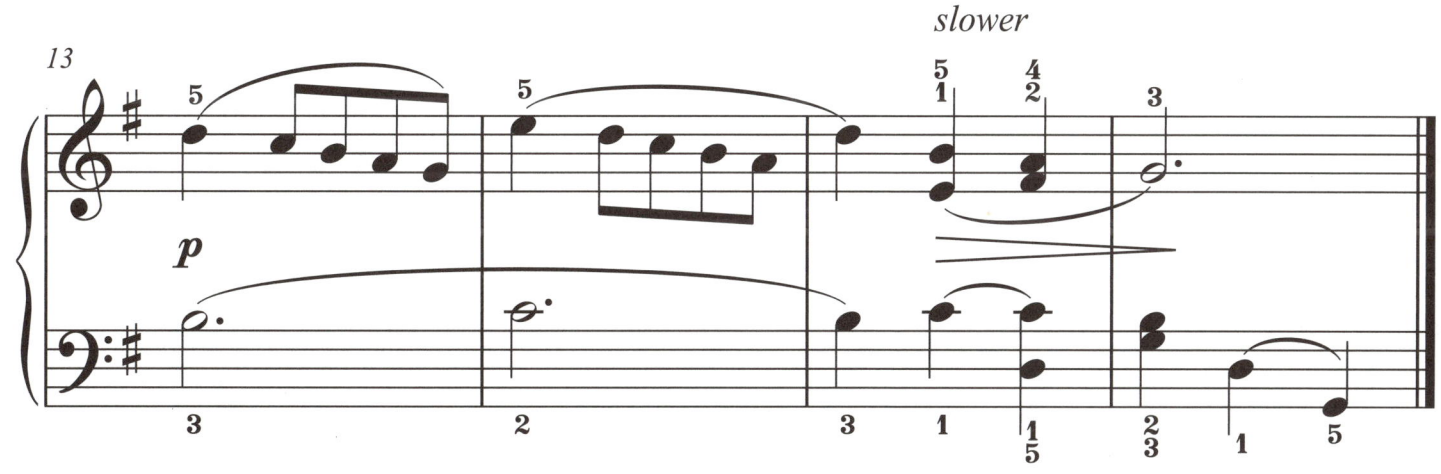

소나티나

Op. 5, No. 2 1st mov.

1. **Amabile** (아마빌레) : 사랑스럽고 우아하게 연주

2. 반복음은 강조가 아닌 메아리치듯 연주합니다.

3. 4마디 왼손 두 번째 슬러 표현을 작게 하여, 오른손 테누토를 방해하지 않습니다.

C. H. Wilton
윌튼

Amabile
Allegretto

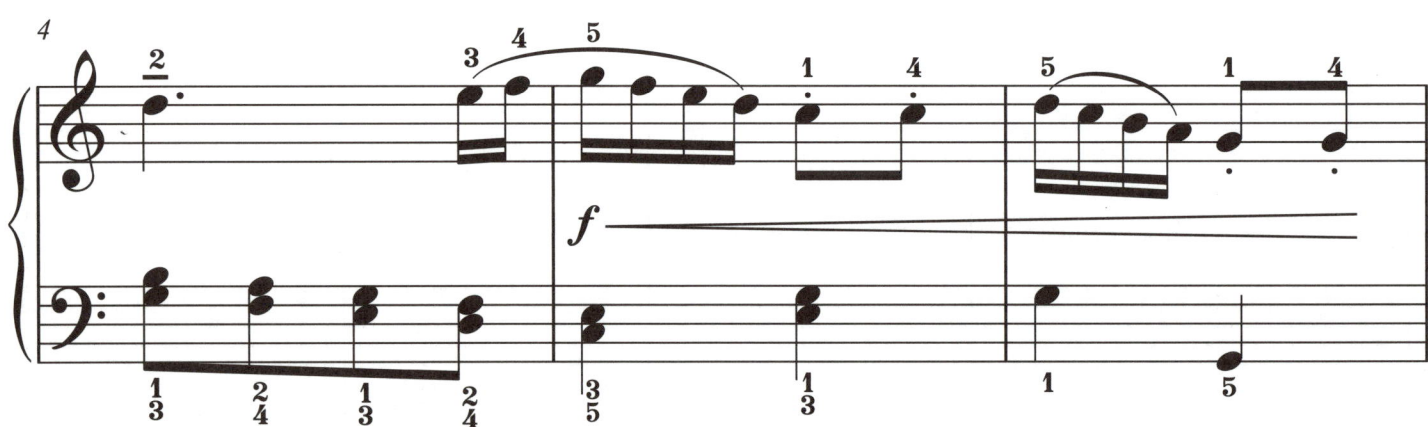

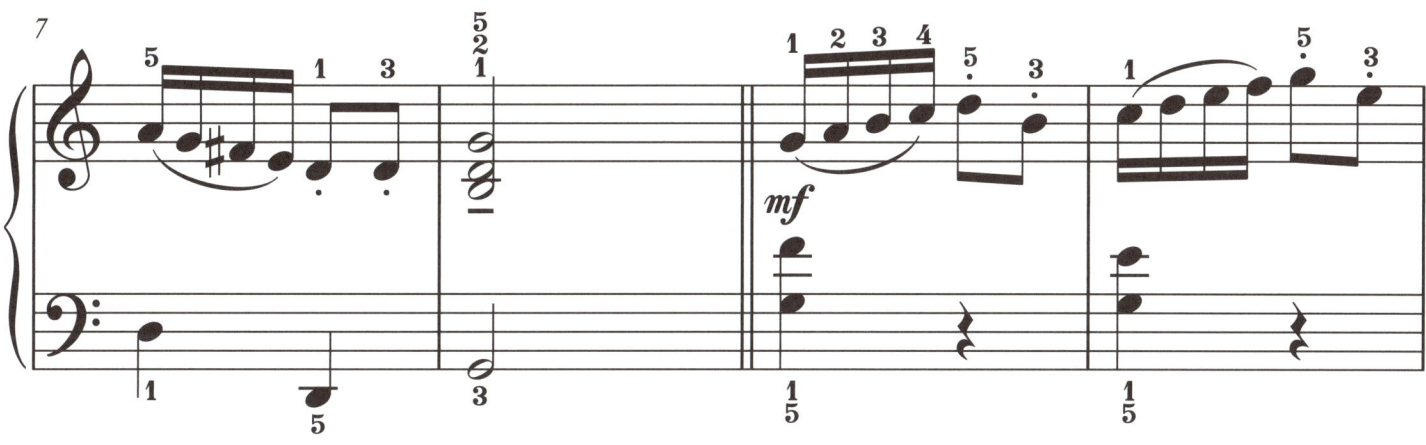

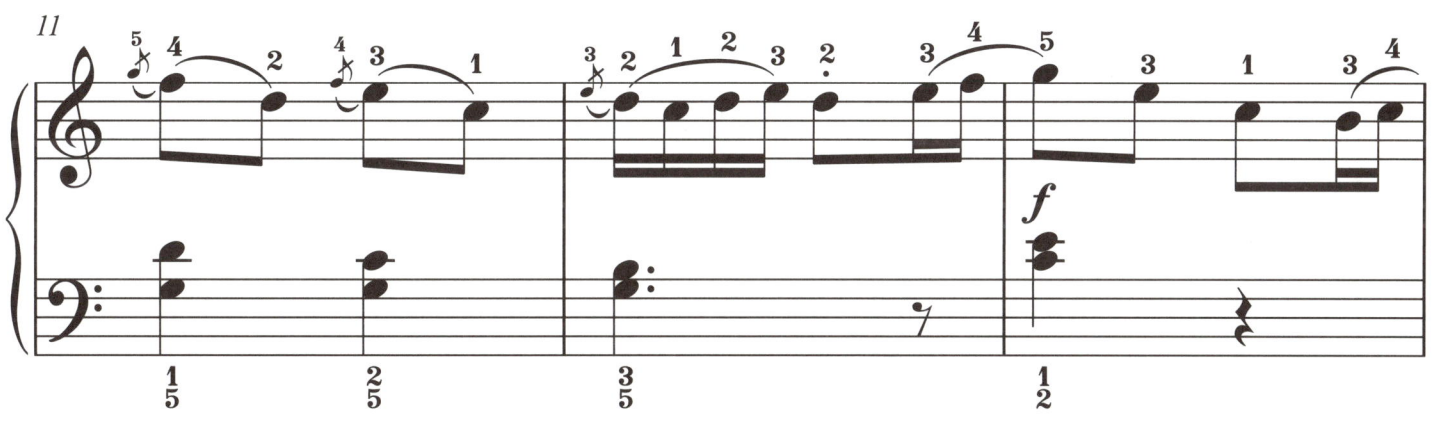

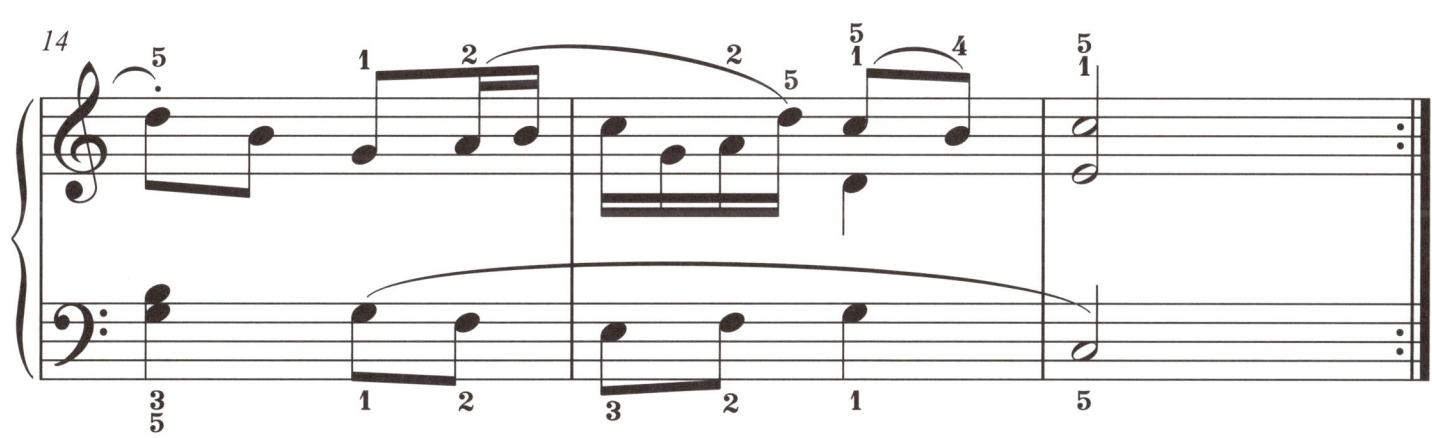

소나티나

리듬체조

1. 리듬체조를 하며 즐거워하는 아이들을 상상하며 연주합니다.

2. 1마디 오른손 슬러는 화성적으로, 2마디 왼손의 스타카토는 리드미컬하게 연주합니다.

3. 33마디부터 2분음표 슬러와 4분음표 스타카토, 그리고 온음표를 뚜렷하게 대비합니다.

Cho Young Jun
조영준

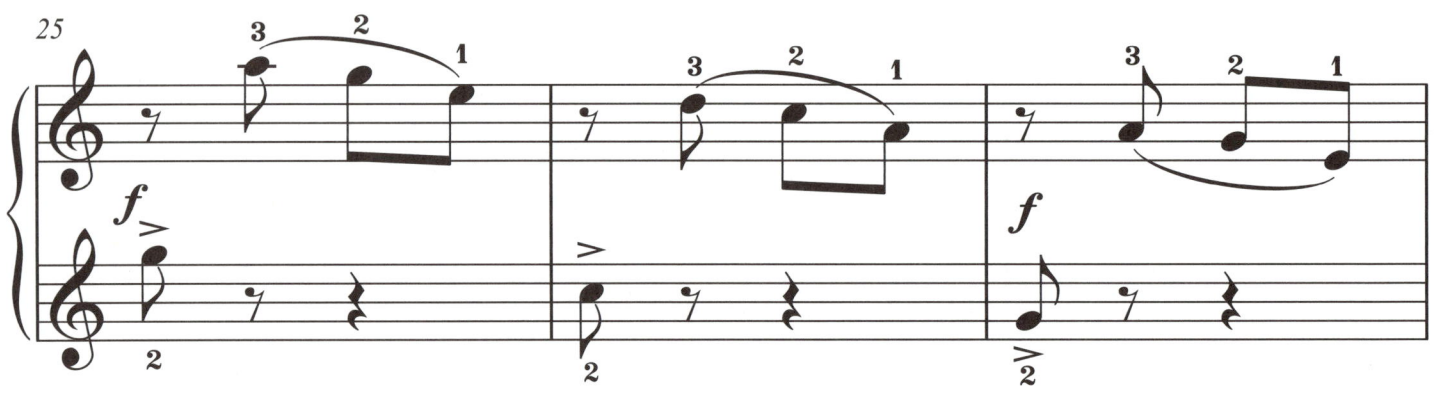

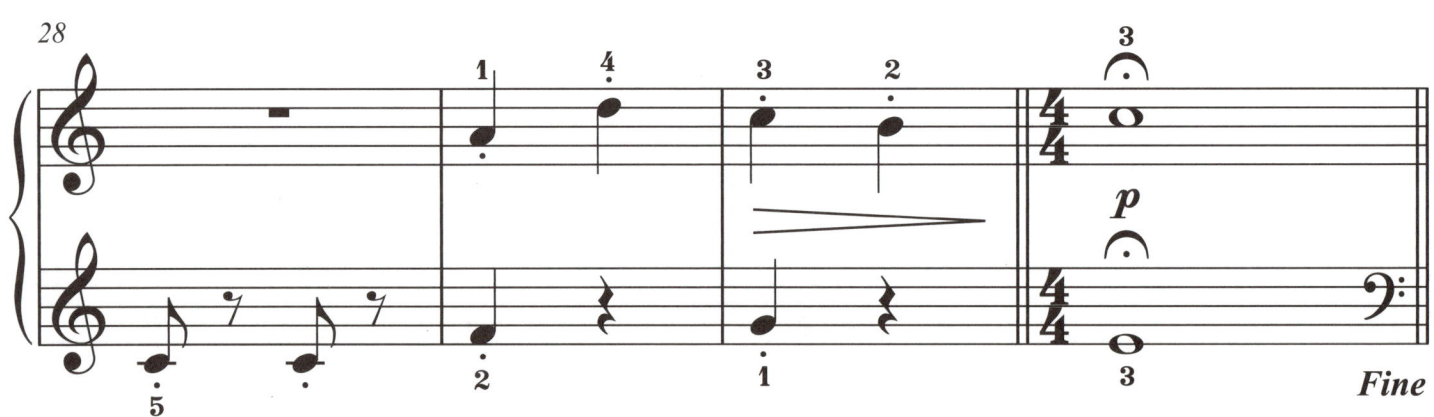

Fine

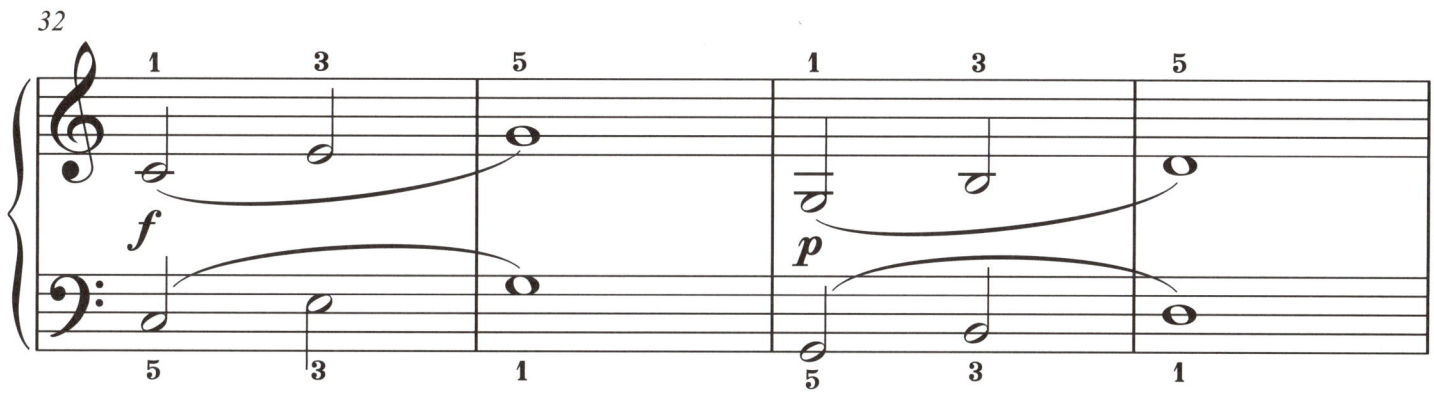

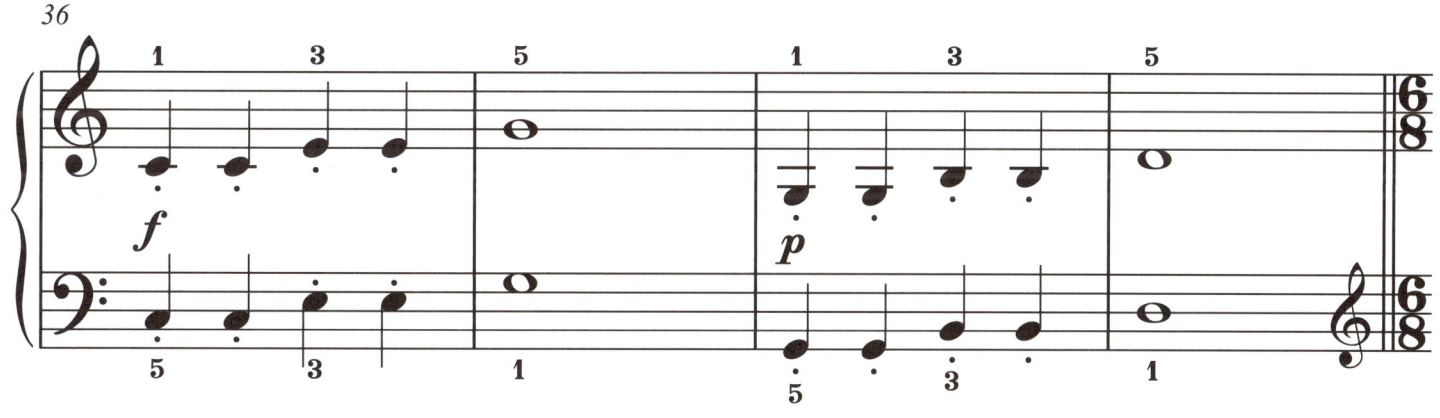

Vivace

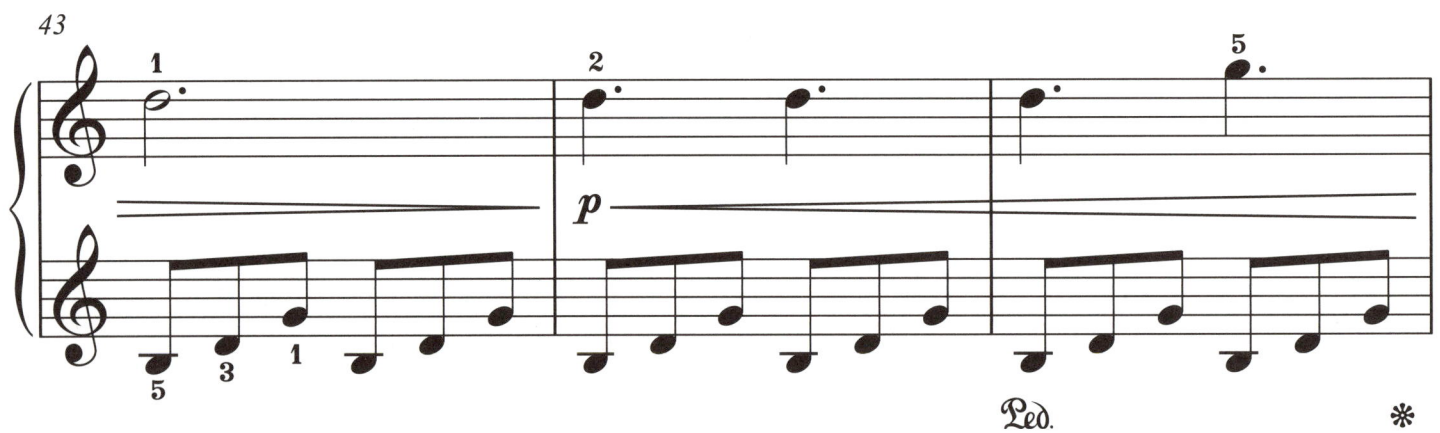

52

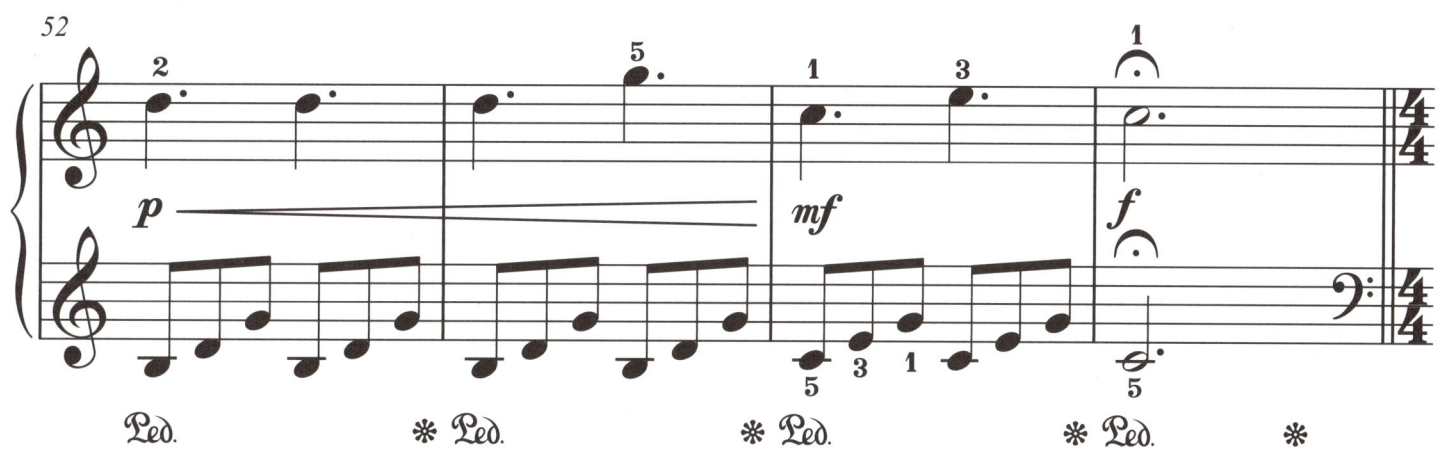

Ped.　*　Ped.　*　Ped.　*　Ped.　*

56 **Tempo I**

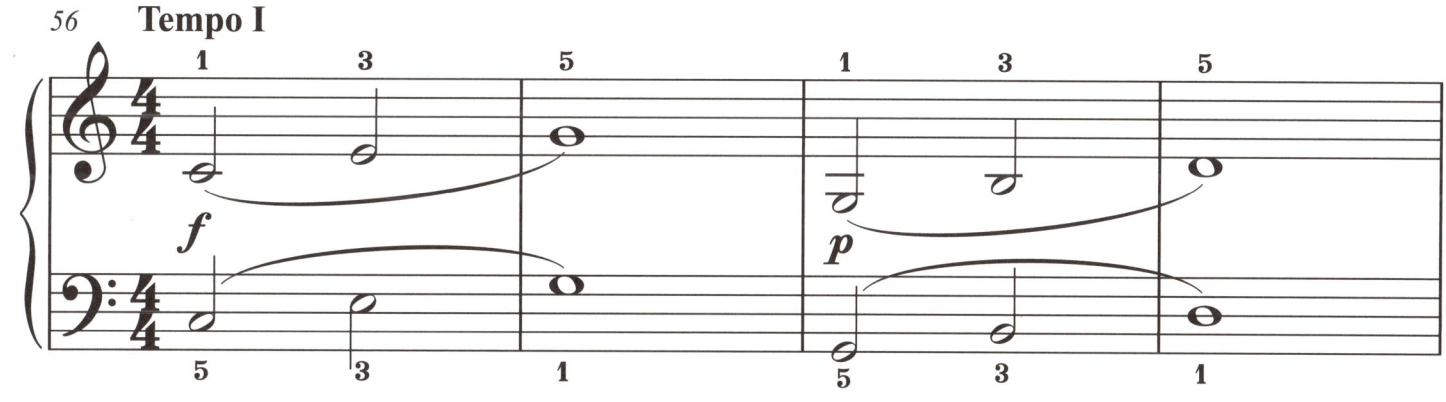

60

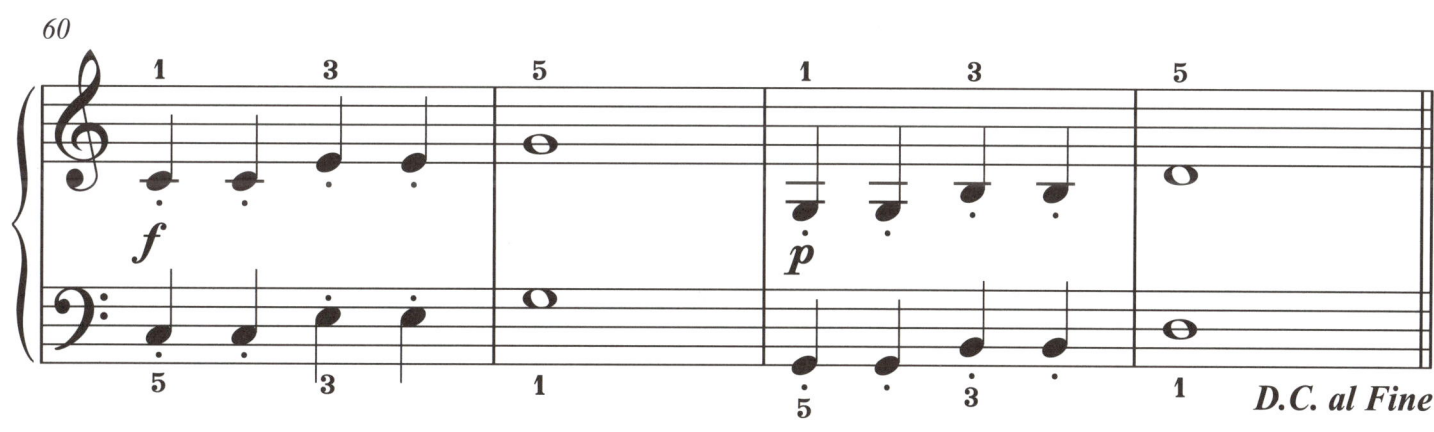

D.C. al Fine

왈츠

1. *f* (포르테)와 스타카토로 시작되며, 4분음표를 밀도 있게 터치합니다.

2. 4마디부터 8마디까지 크레셴도(*cresc.*)와 아첼레란도(*accel.*)를 하며 극적으로 표현합니다.

3. 16마디 **Trio**(트리오)에서 오른손 멜로디가 리드하며, 왼손 반주는 리듬을 강조하지 않습니다.

W. A. Mozart (Arr. Cho Young Jun)
모차르트(편곡 : 조영준)

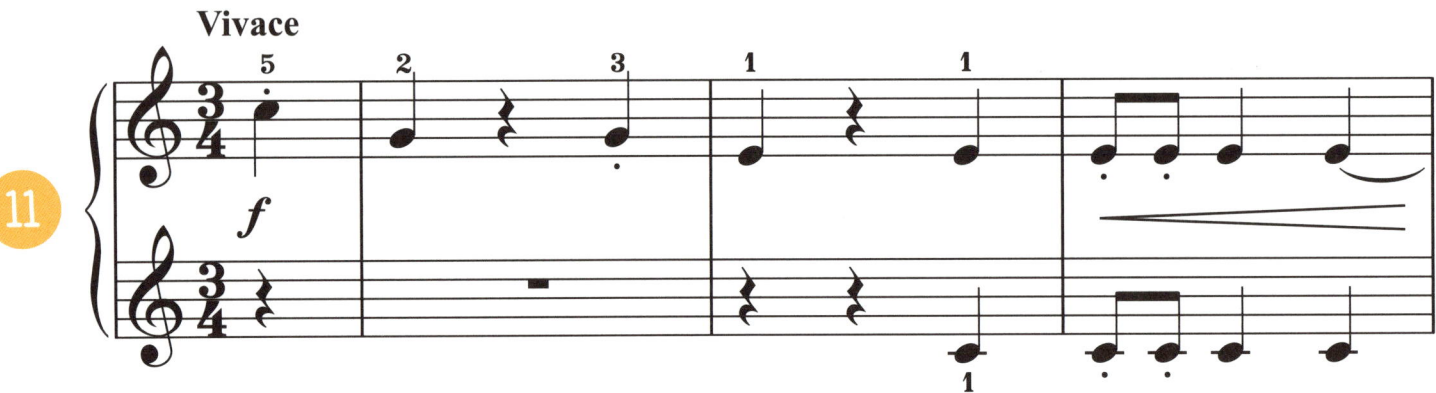

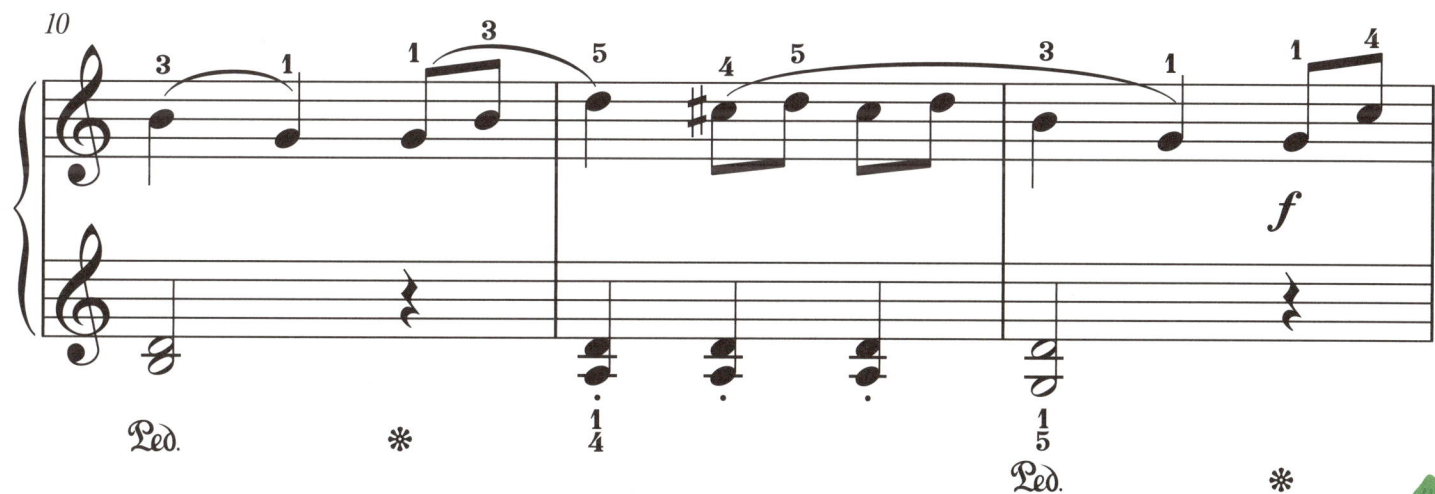

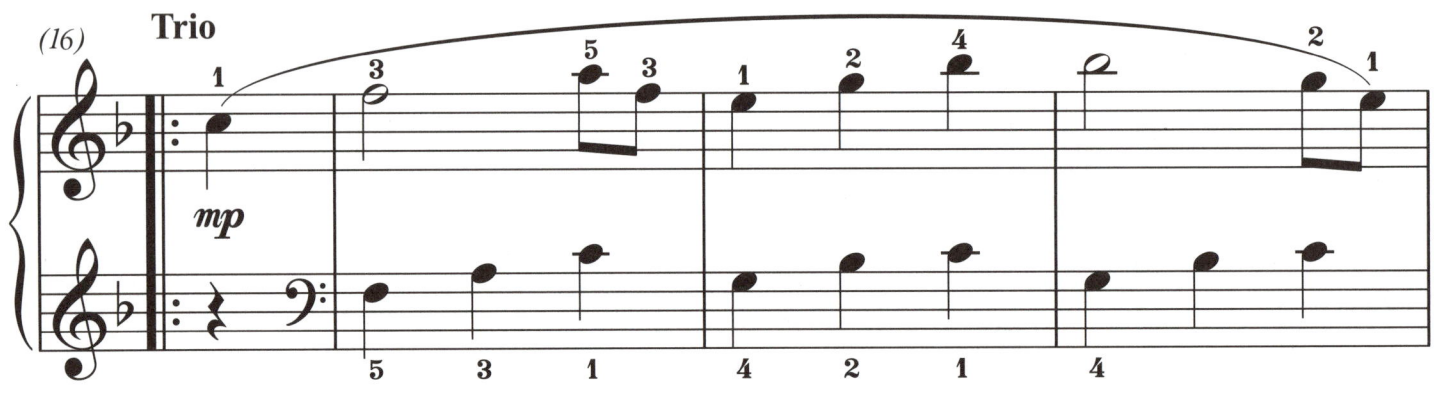

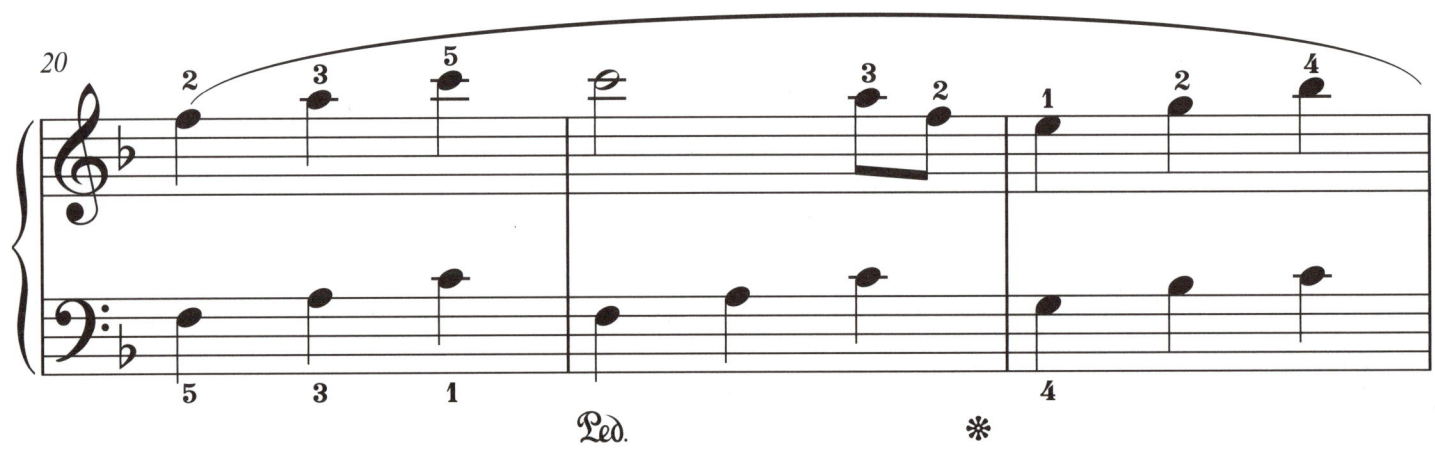

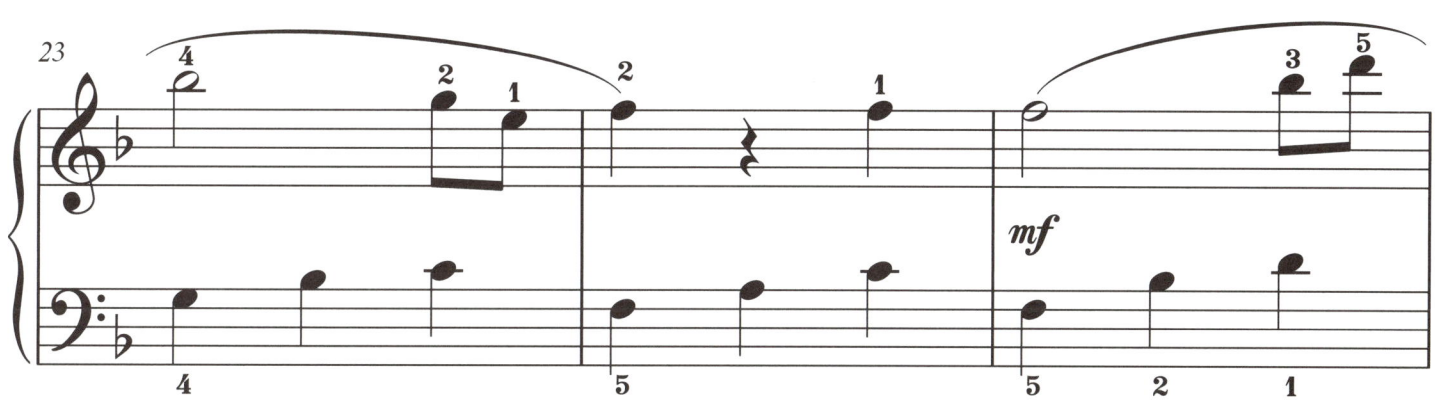

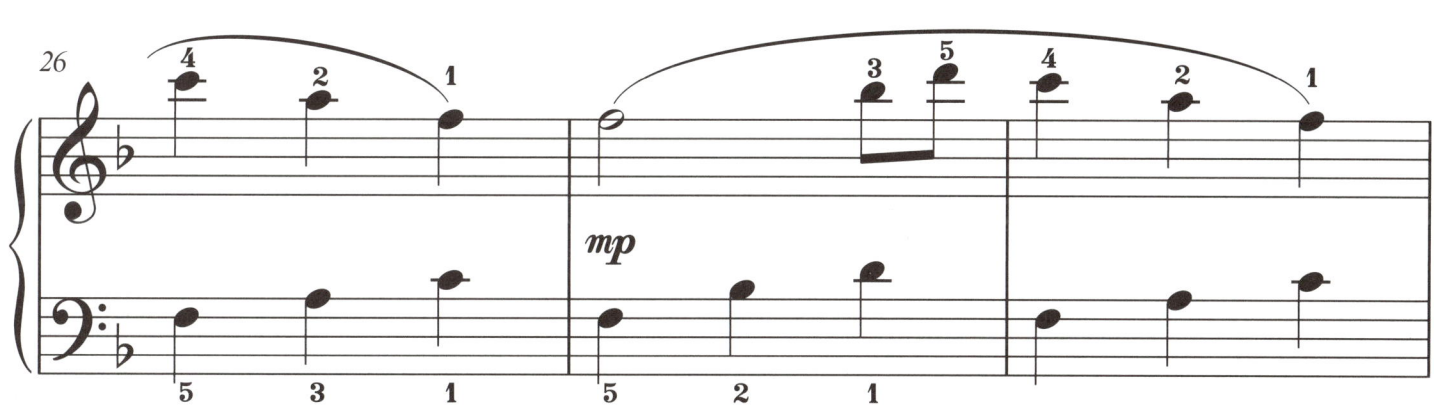

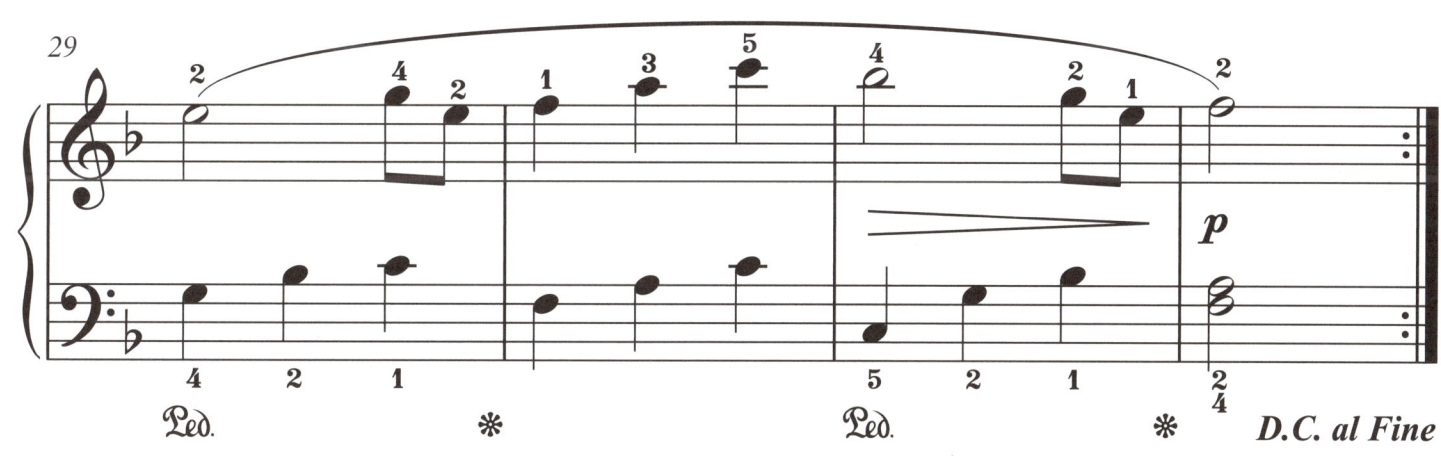

D.C. al Fine

소나티나

Op. 4, No. 1 2nd mov.

1. 16분음표로 시작하는 주제를 가볍고 경쾌하게 연주합니다.

2. 왼손의 리듬보다는 오른손 주제의 리듬이 중요합니다.

3. 장조의 주제는 선명한 음색으로 연주하며, 17마디 단조부터는 조용하고 부드러운 음색으로 연주합니다.

M. P. King
킹

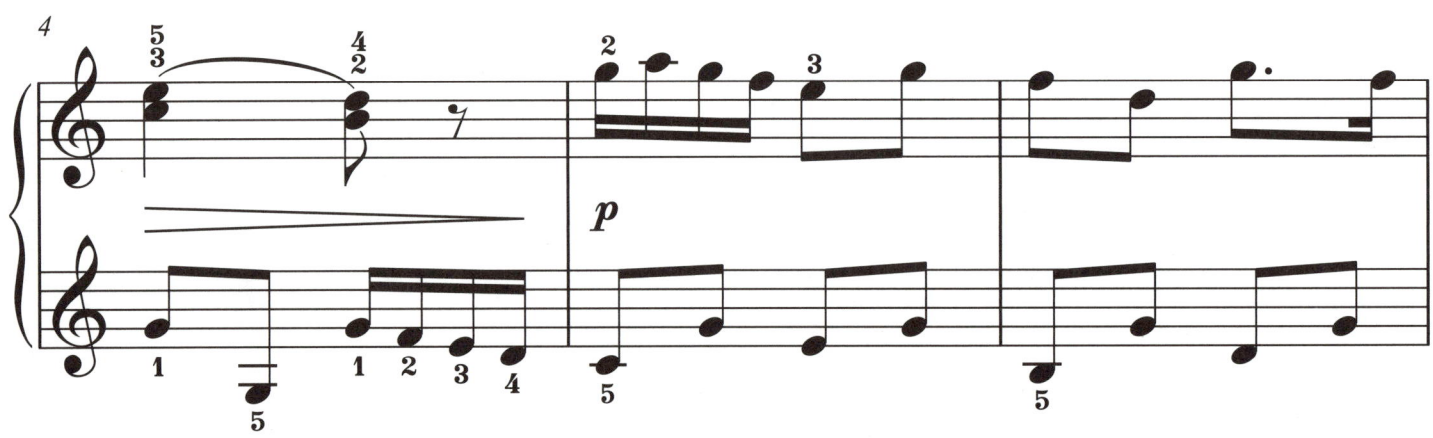

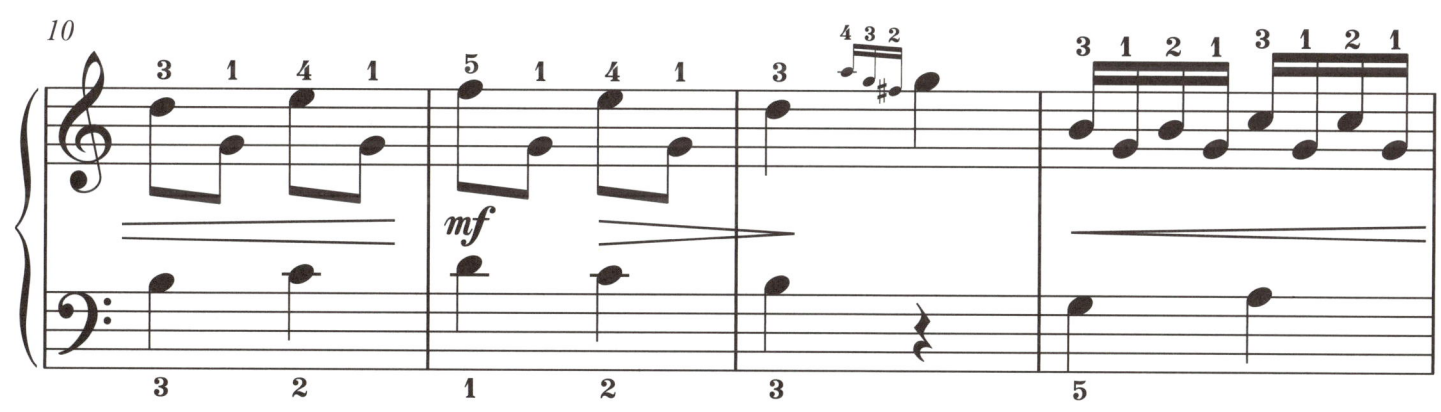

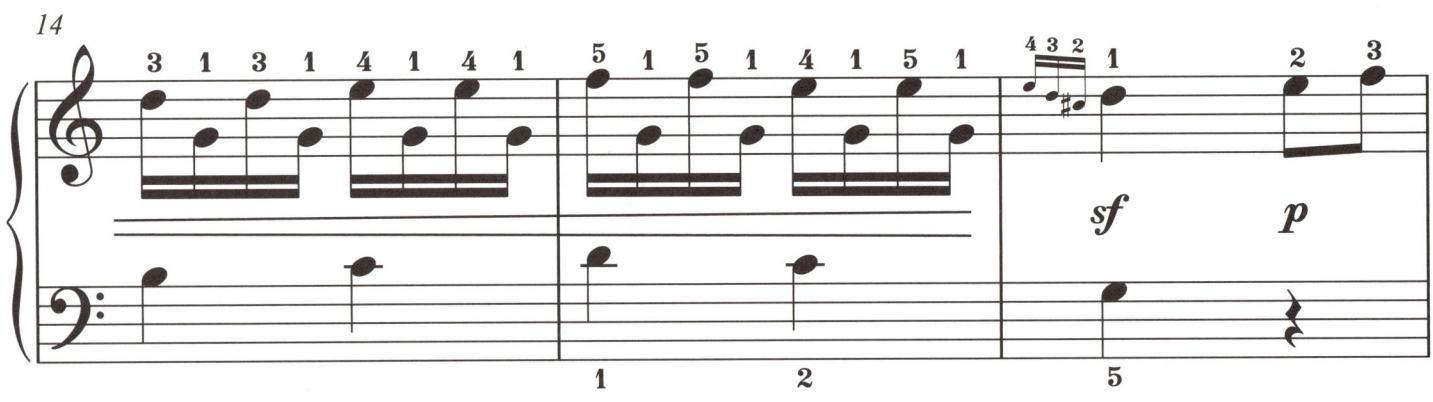

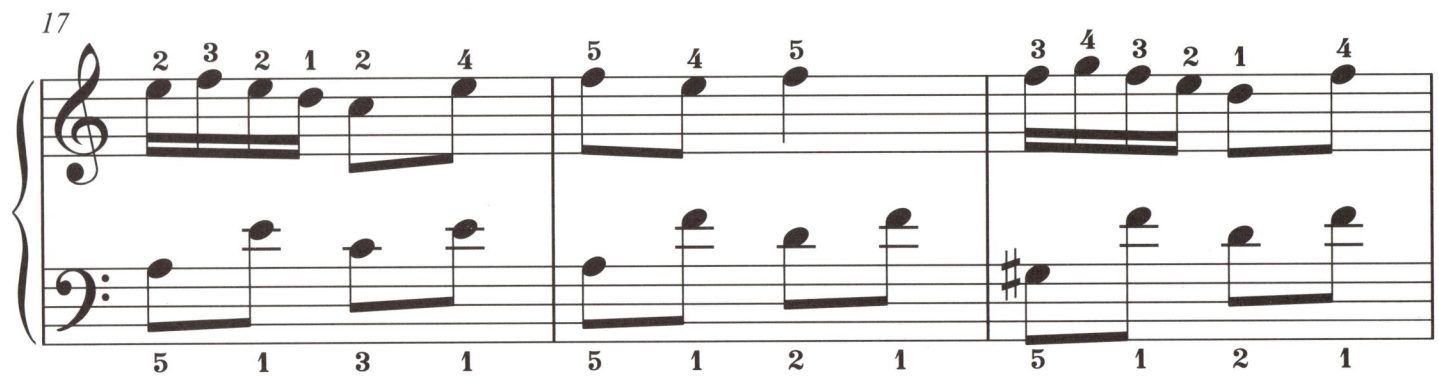

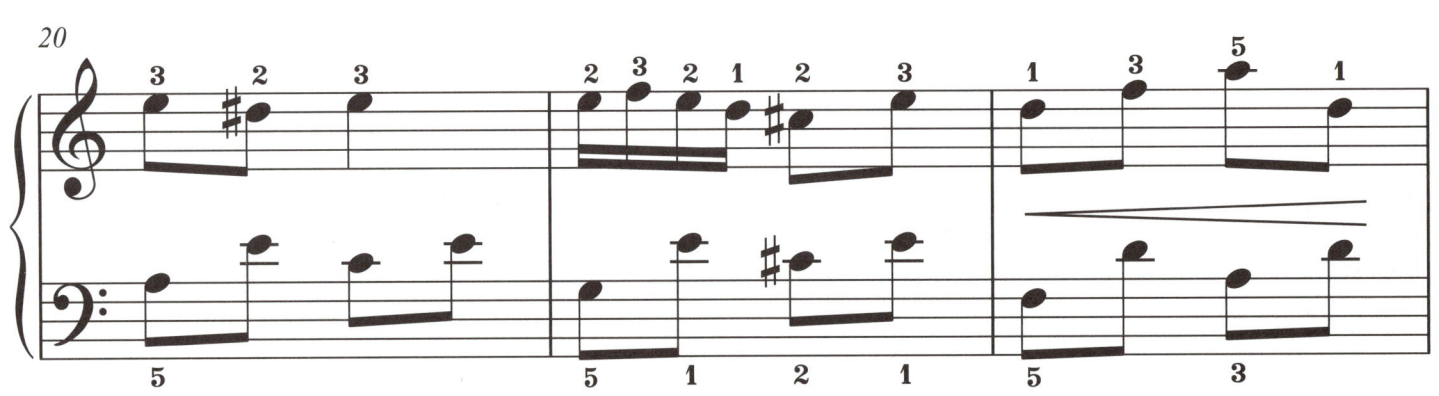

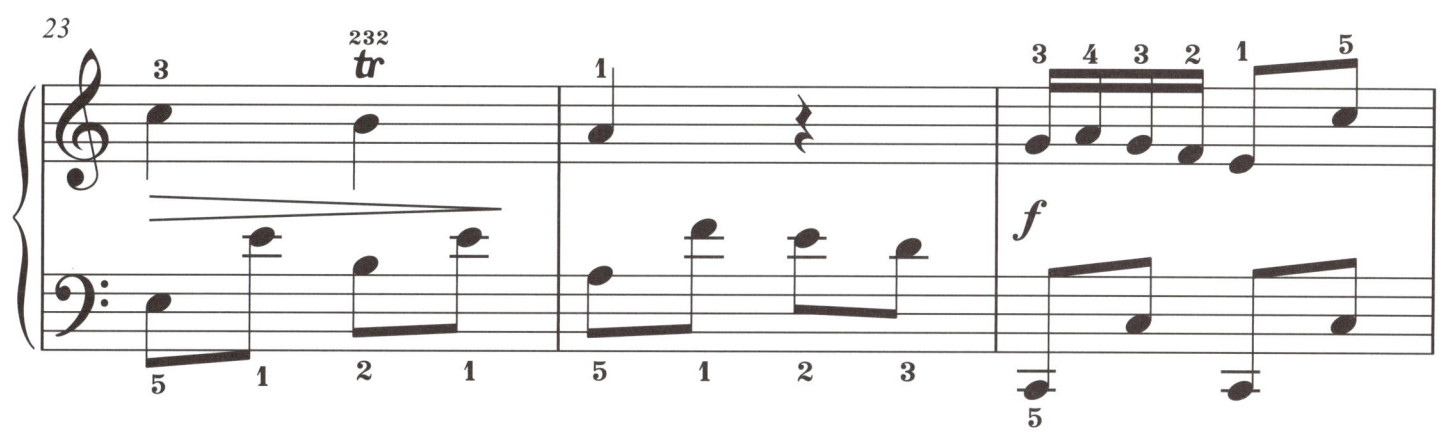

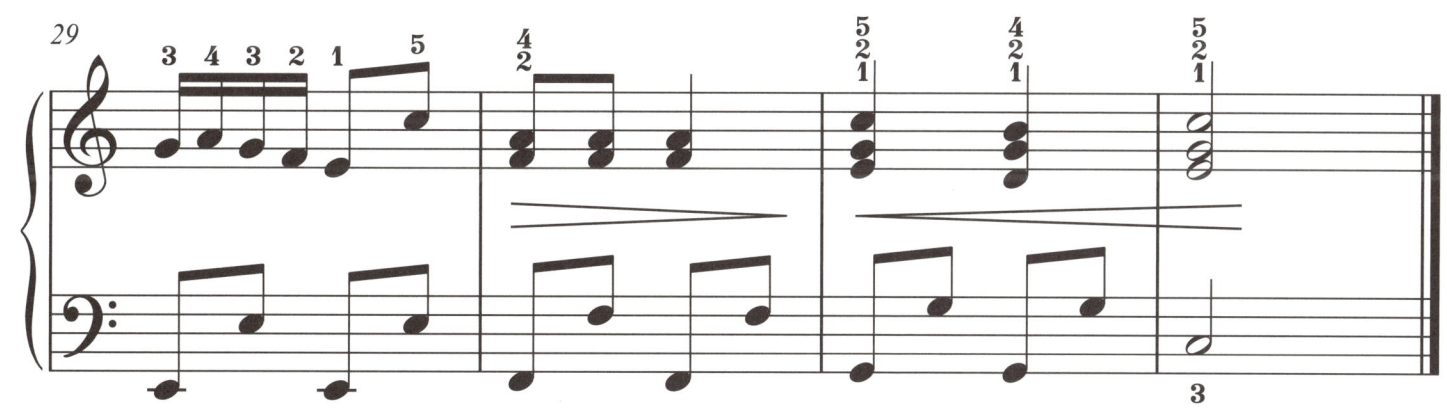

소나티나

Op. 4, No. 3 2nd mov.

1. 1-2마디와 같은 반복음은 호소력 있게, 메아리치는 듯한 효과를 나타냅니다.

2. 왼손 알베르티 베이스를 화성 반주로 연습해 보세요. 반주 리듬은 강조하지 않습니다.

3. 17-32마디는 부드럽고 조용한 톤으로 처음의 호탕한 주제와 대비하여 연주합니다.

M. P. King
킹

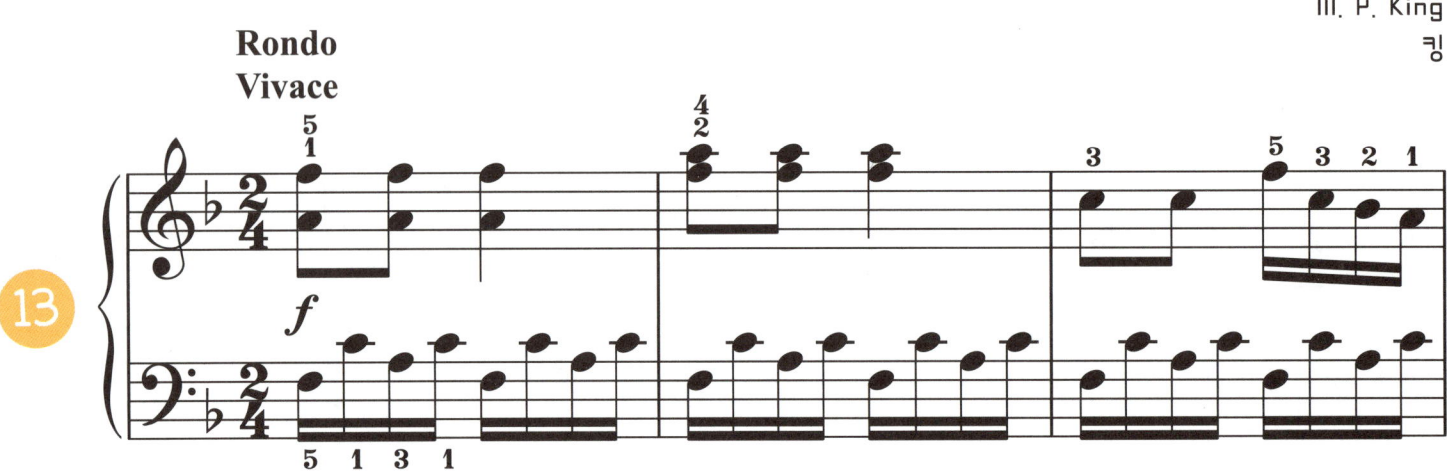

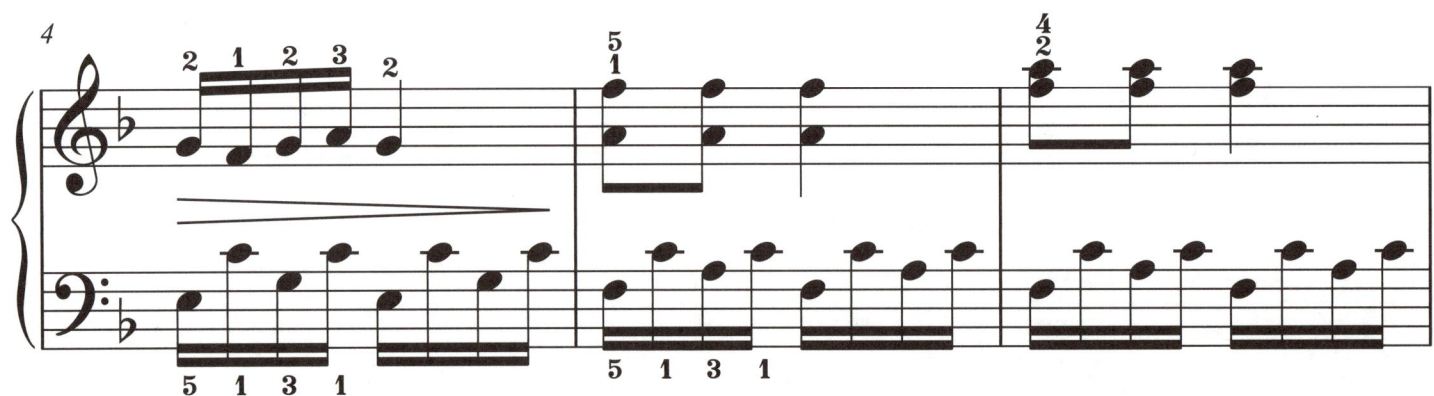

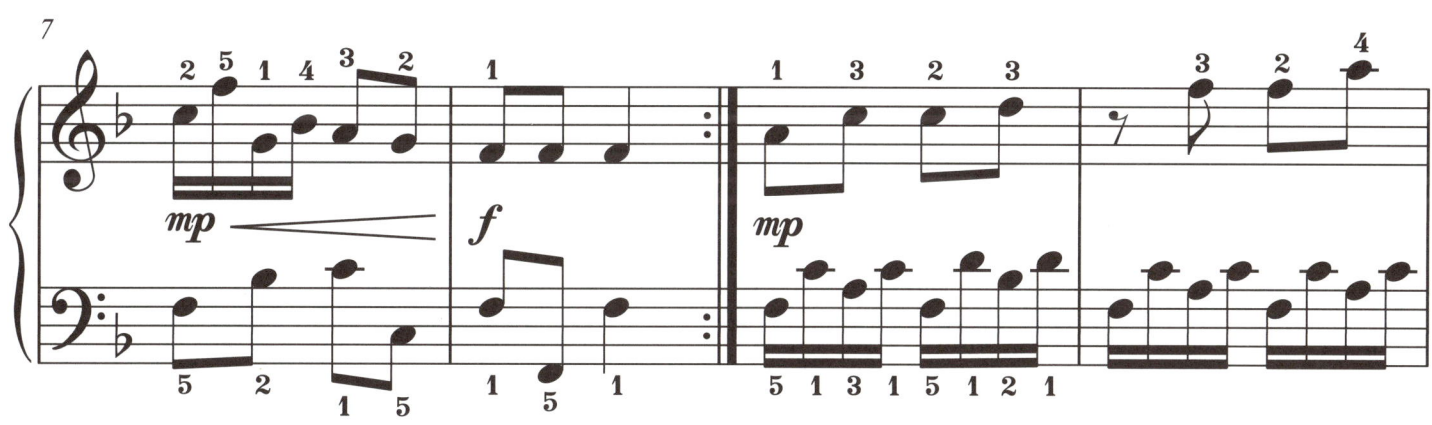

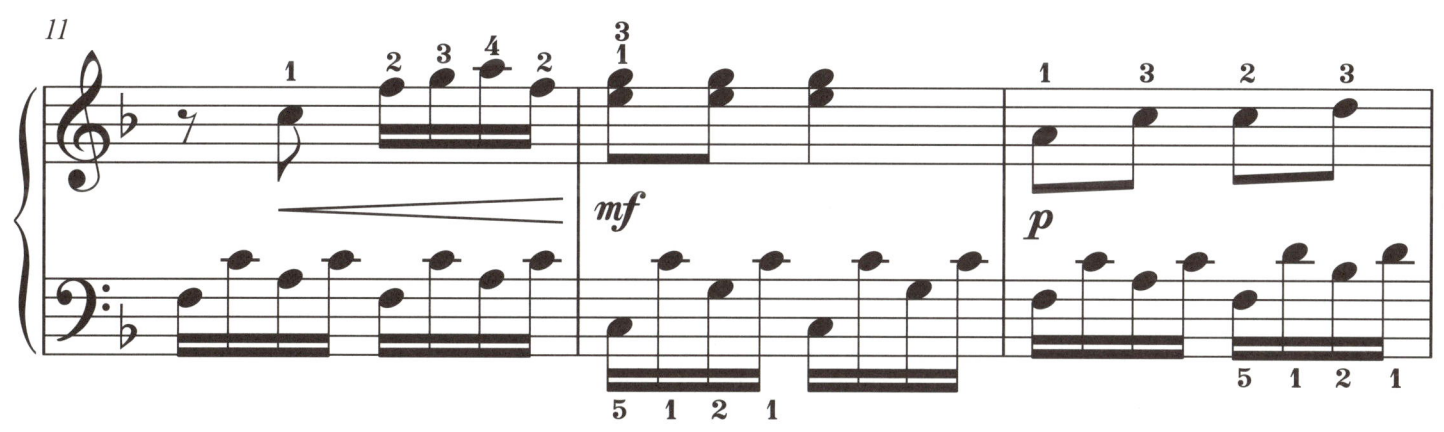

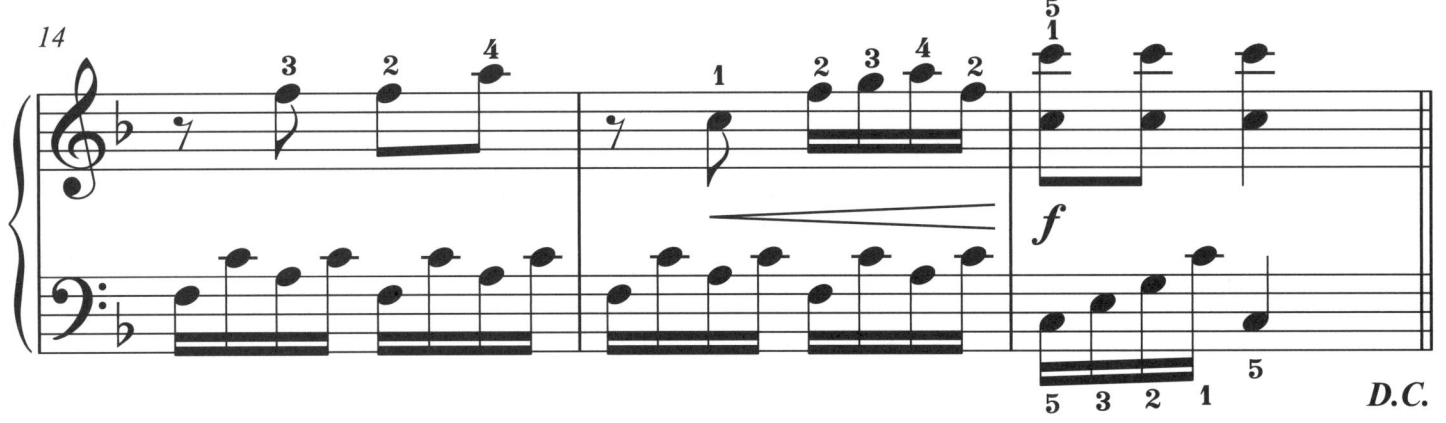

D.C.

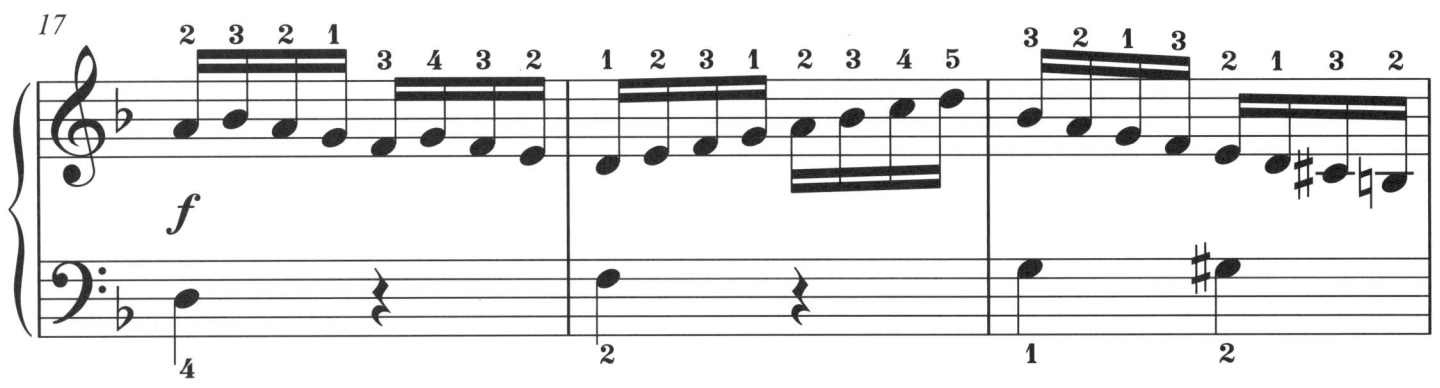

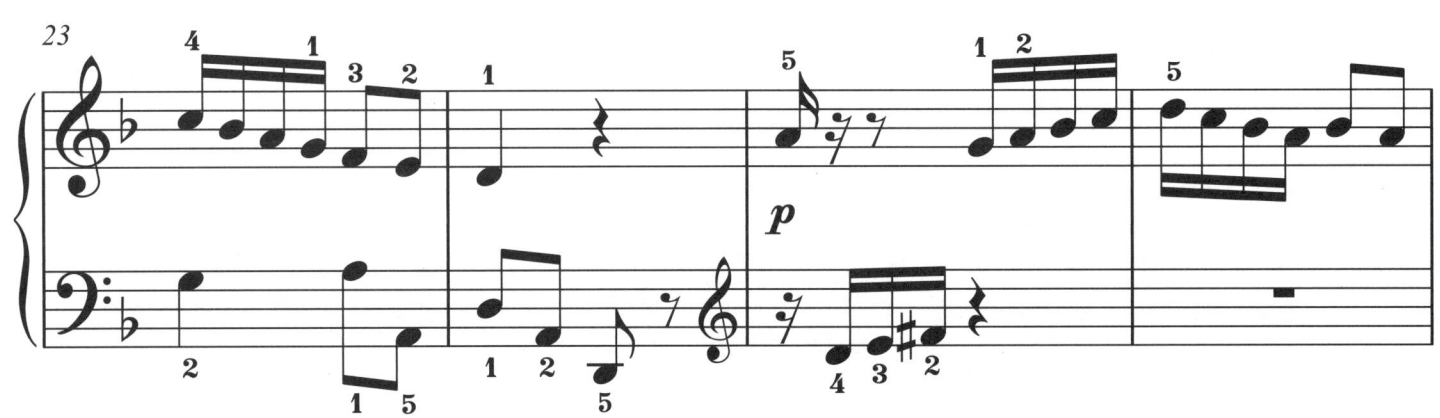

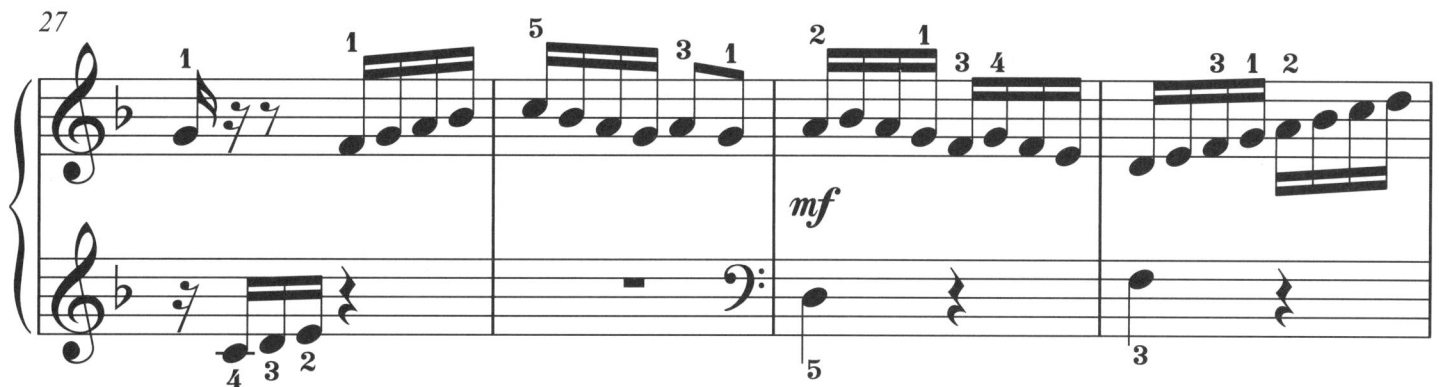

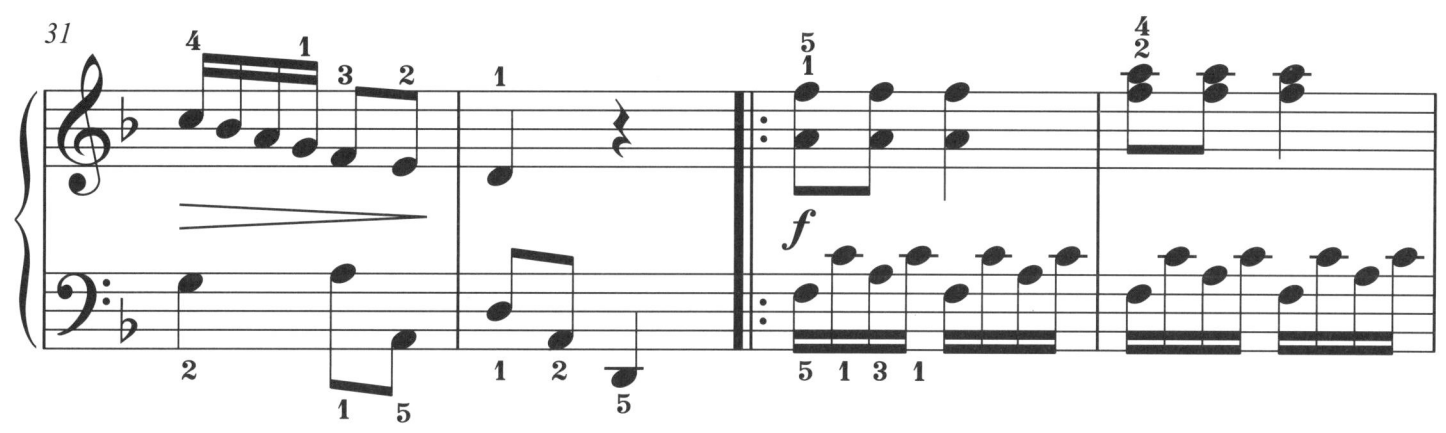

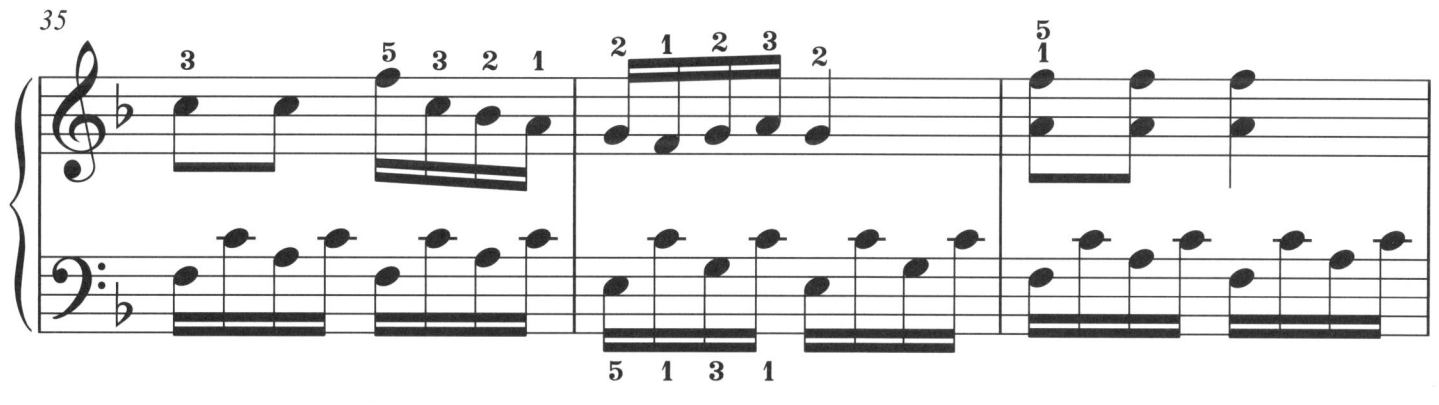

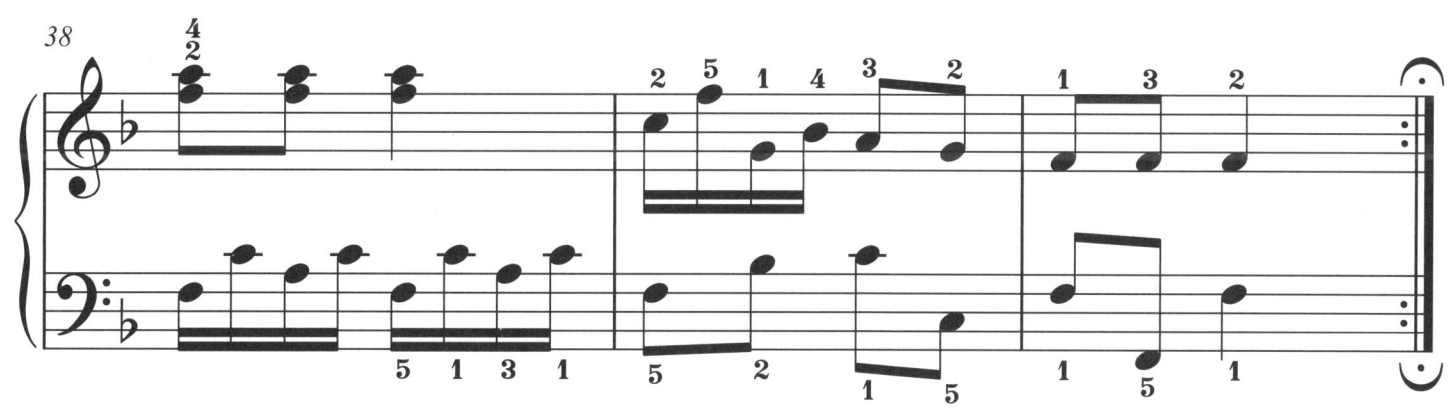

소나티나

Op. 66, No. 3 1st mov.

1. 도약이 크지만 조용한 주제의 작품입니다.

2. 왼손 반주는 화성적으로 주제에 색채를 더해 줍니다.

3. 26-33마디까지 슬러의 맺음을 부드럽고 온화하게 노래합니다.

H. Lichner
리히너

Allegro Moderato

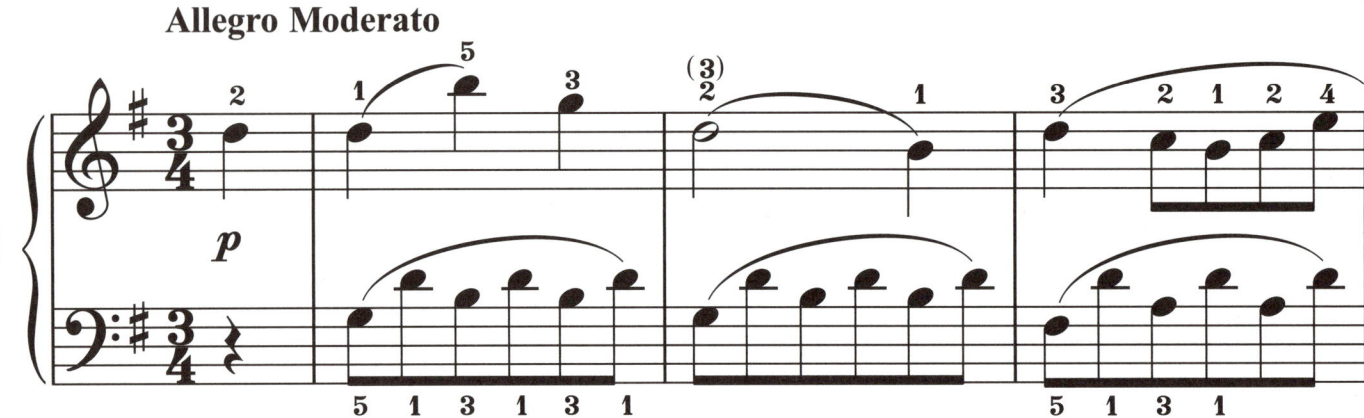

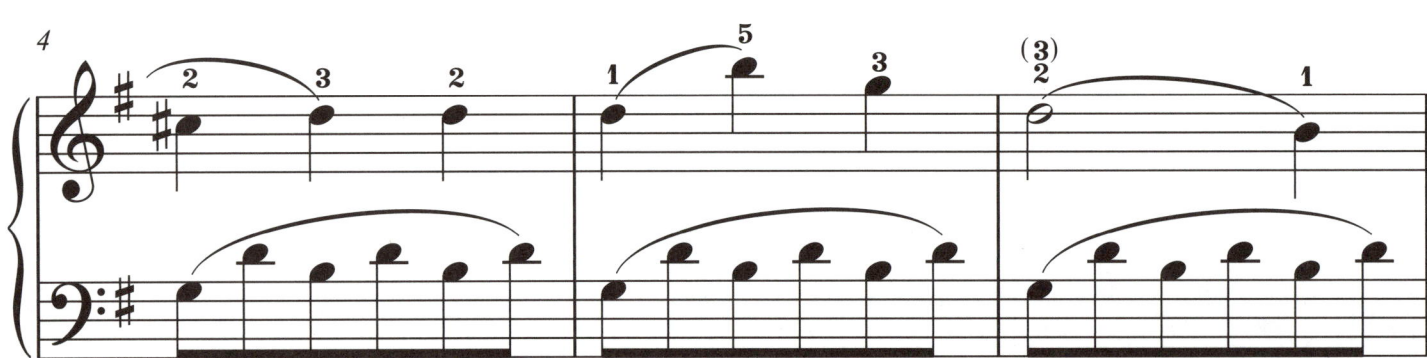

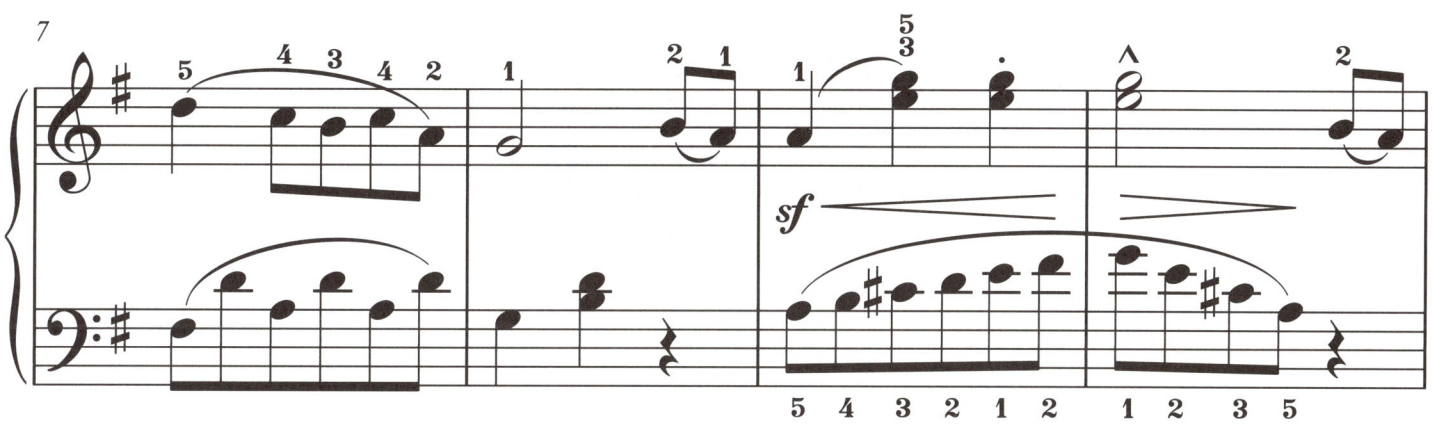

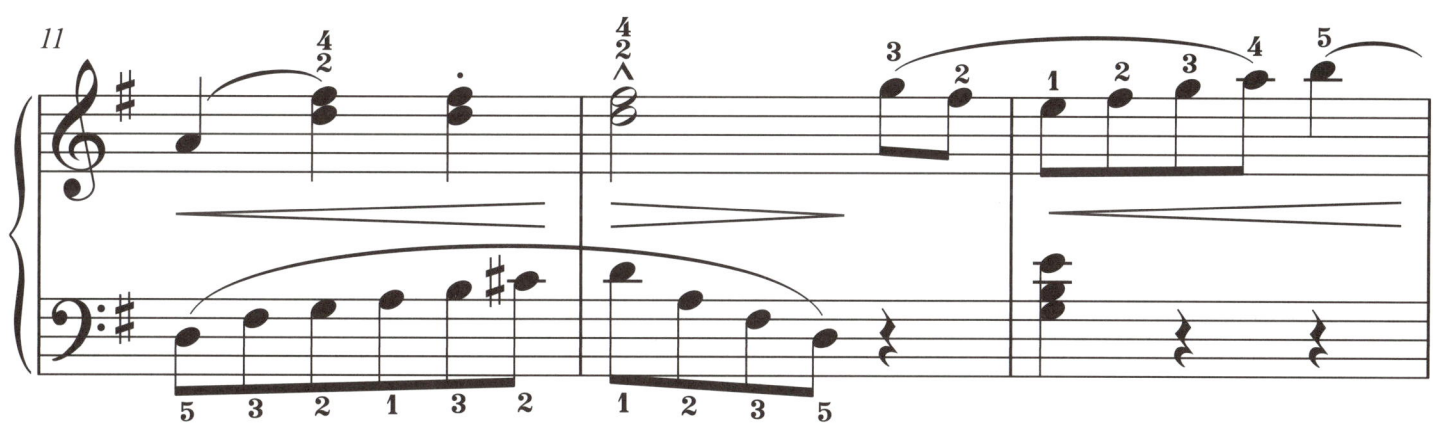

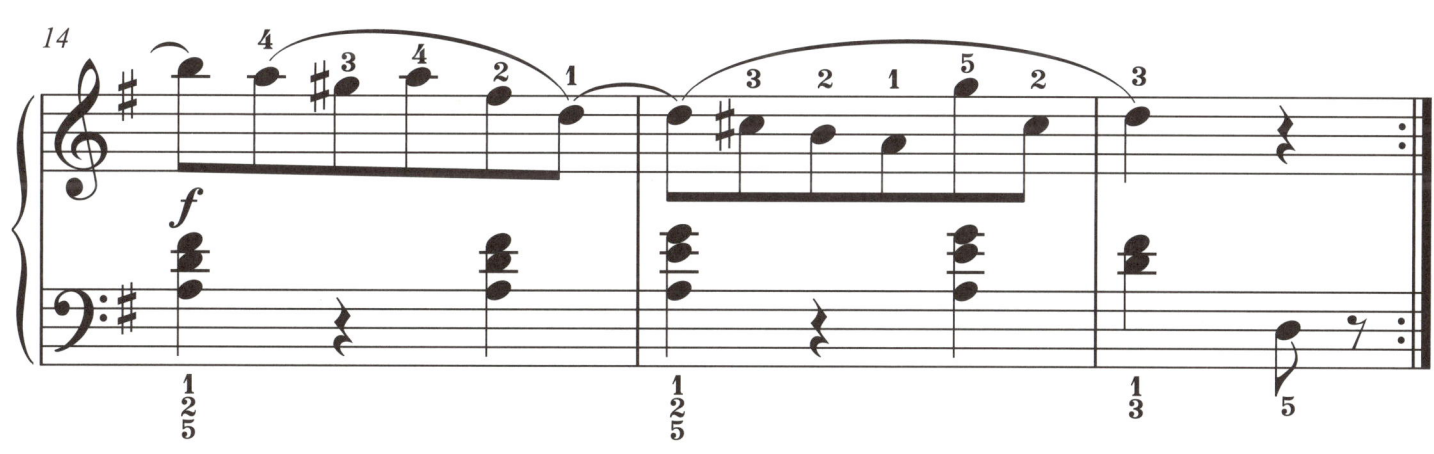

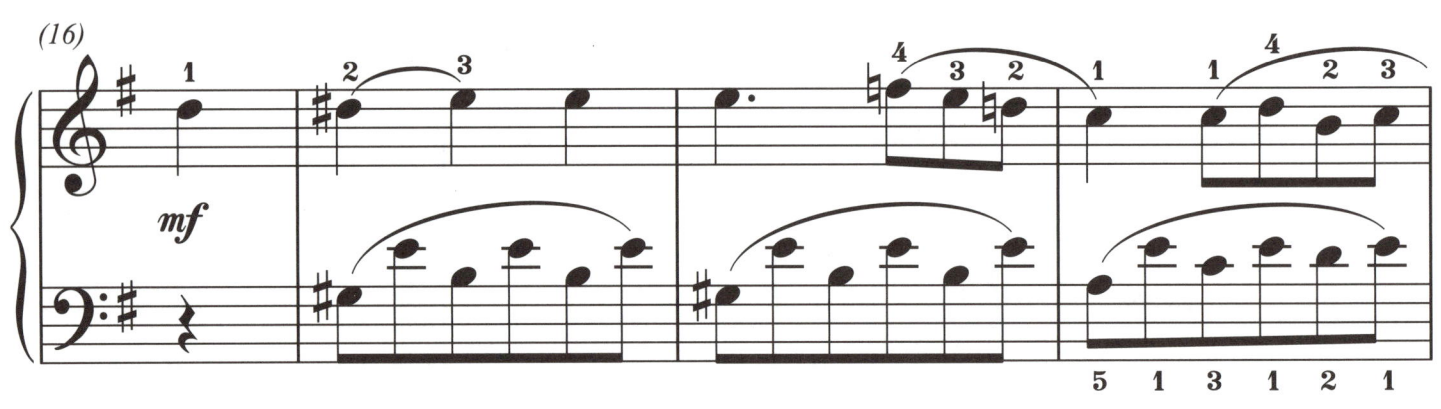

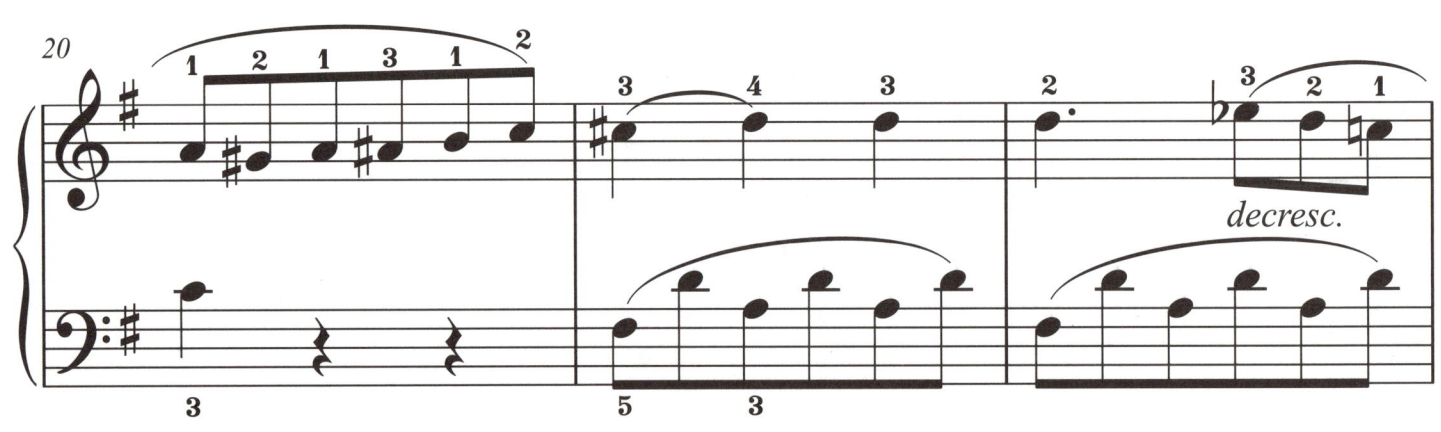

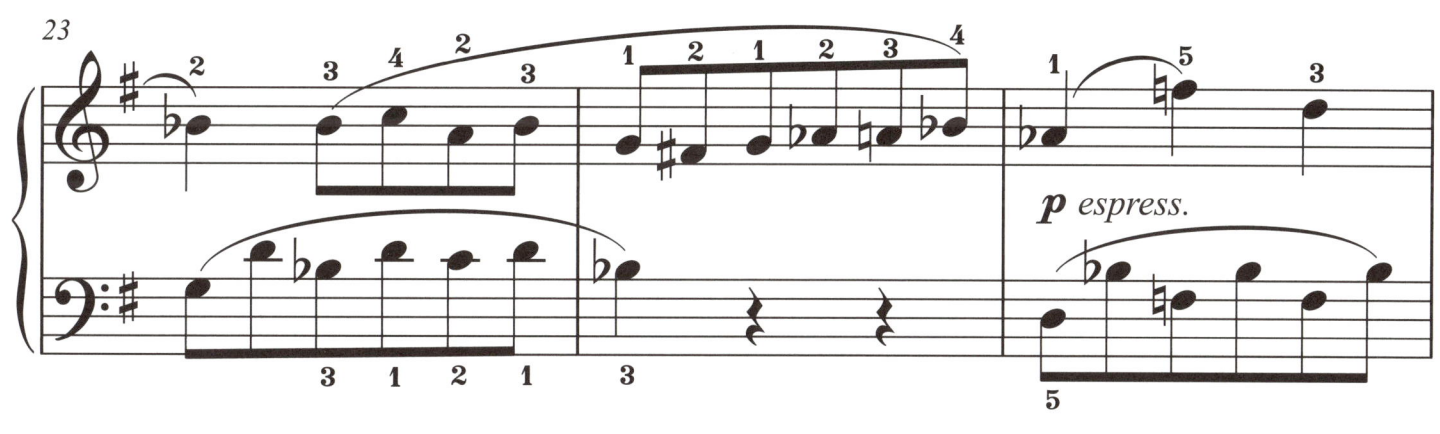

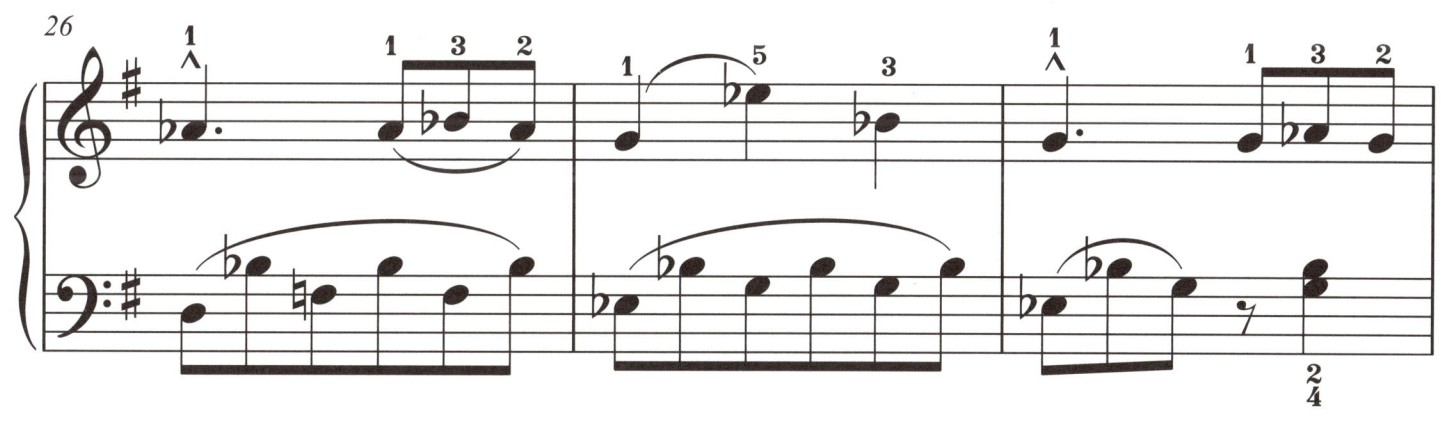

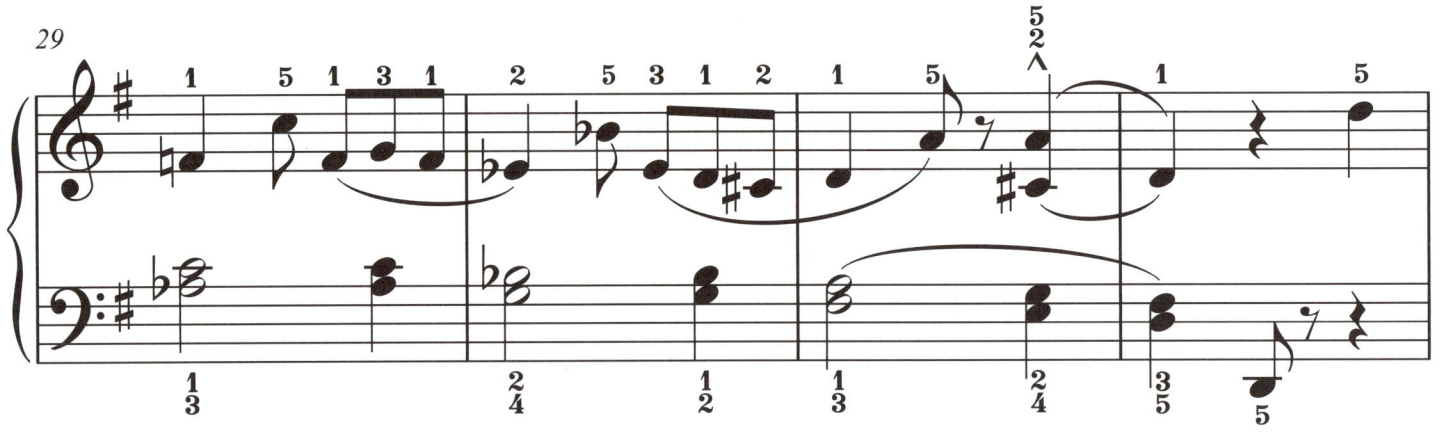

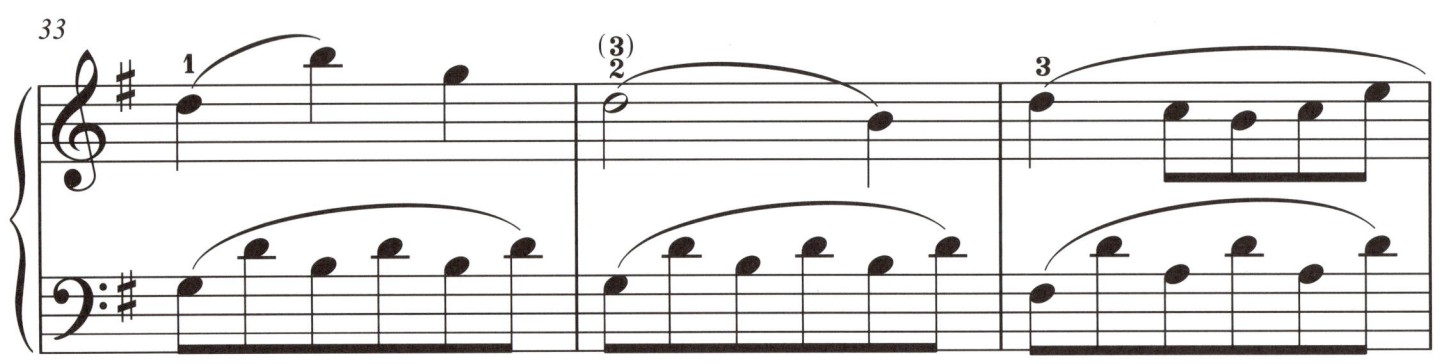

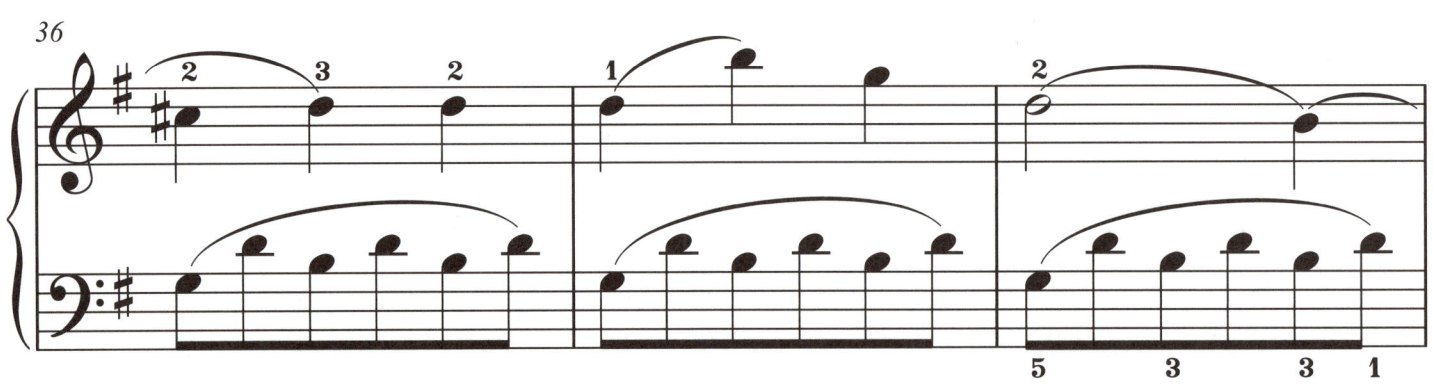

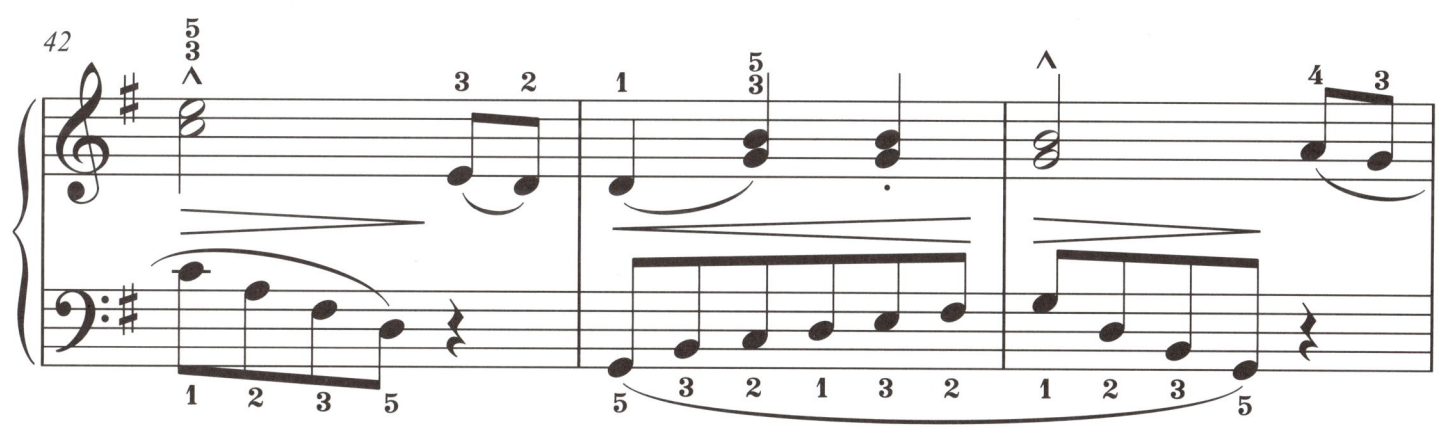

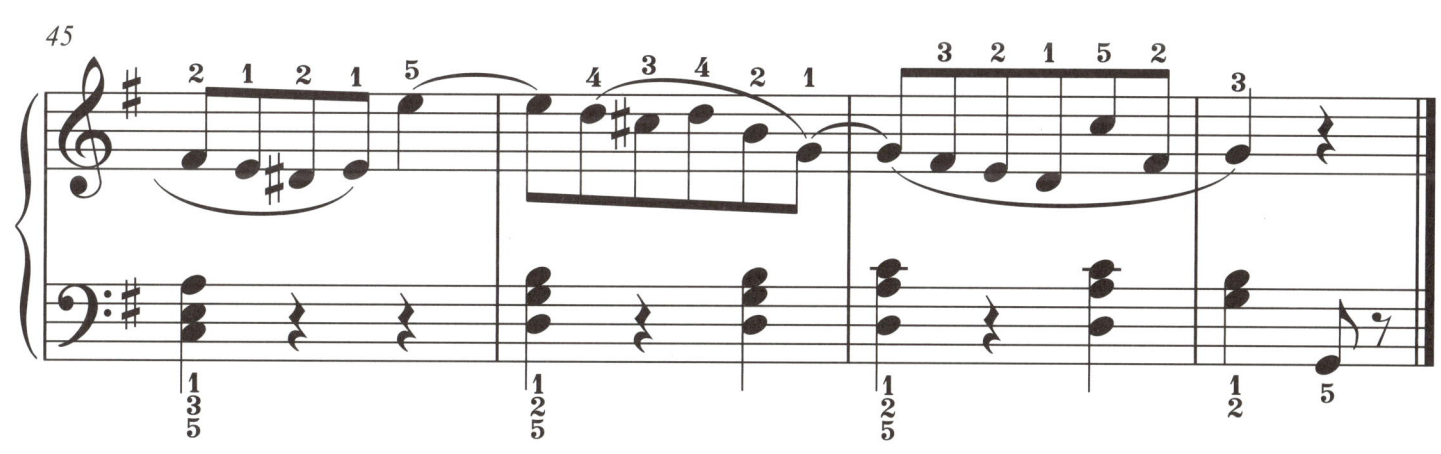

소나티나

Op. 163, No. 4 2nd mov.

1. 선율의 상행과 하행, 음의 길이 표현을 공부하기에 훌륭한 작품입니다.

2. 왼손 세 번째 박자의 음이 무겁지 않도록 주의합니다.

3. 8분음표 세 박을 급하지 않게 연주하며, 16분음표에서는 정교하게 템포를 유지합니다.

C. Czerny
체르니

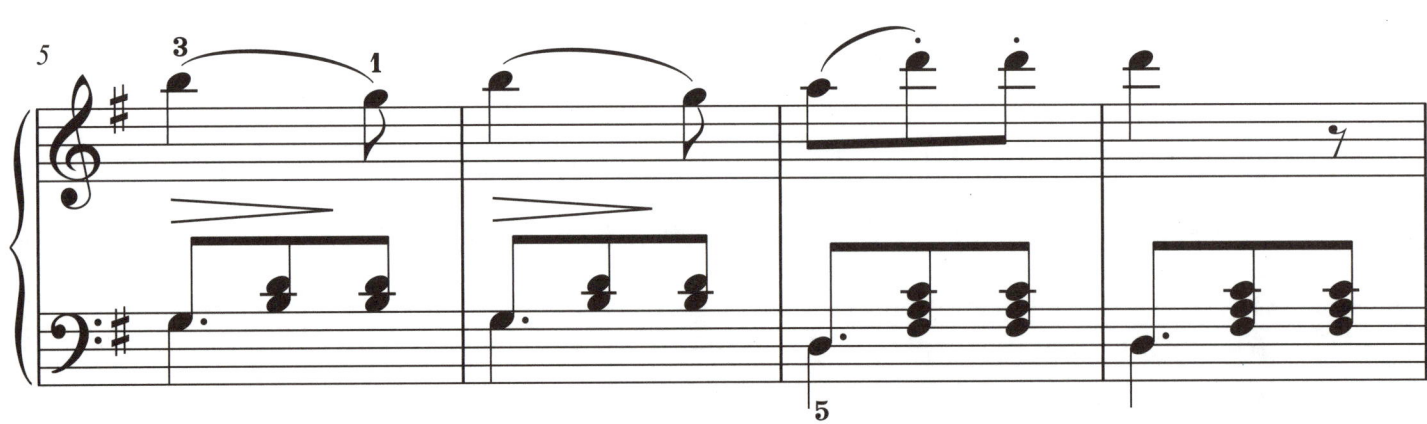

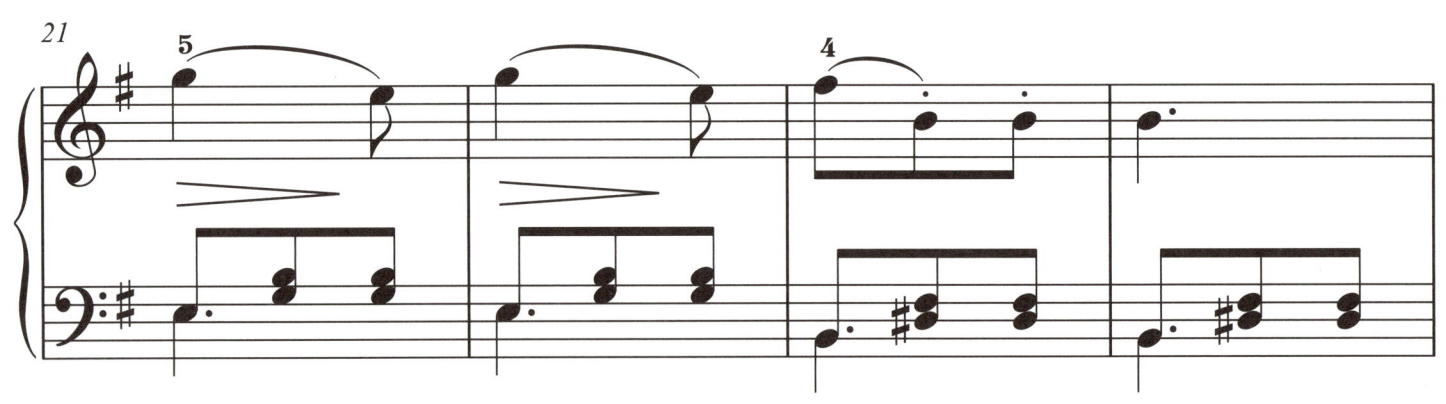

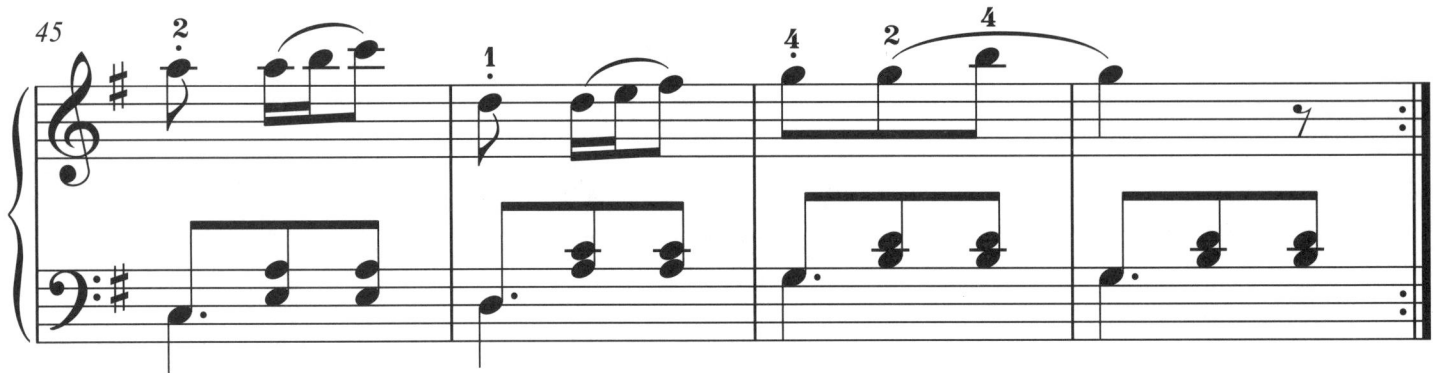

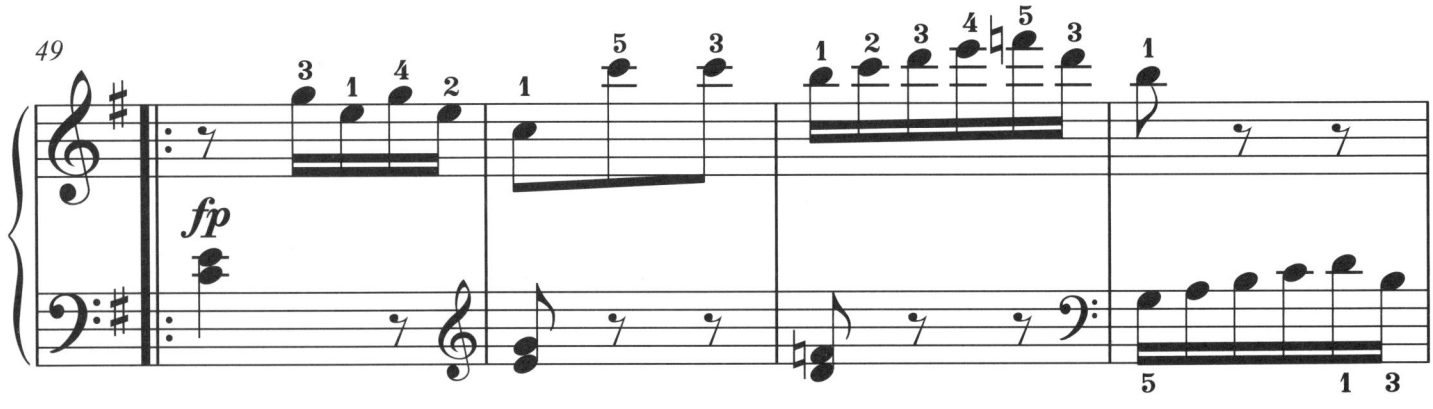

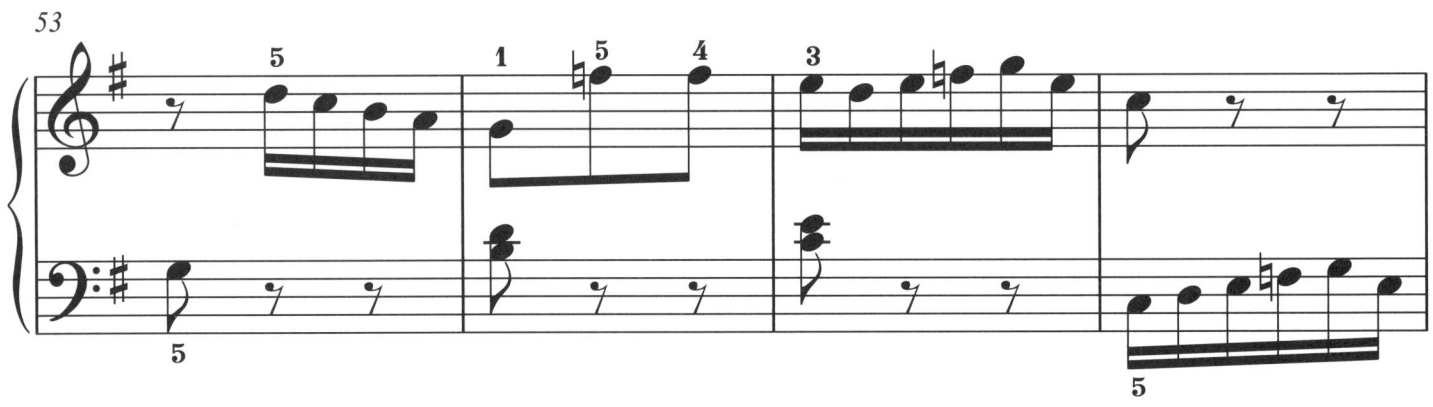

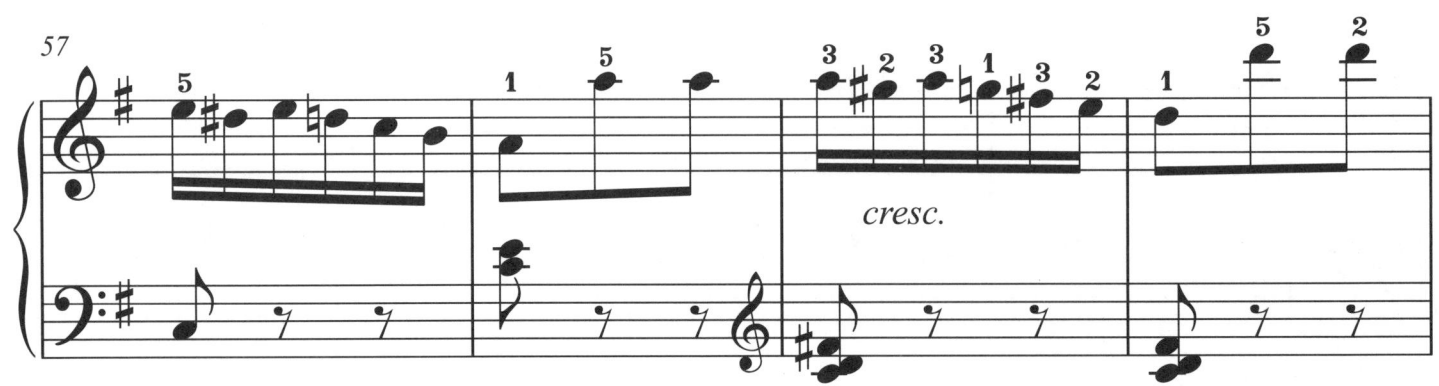

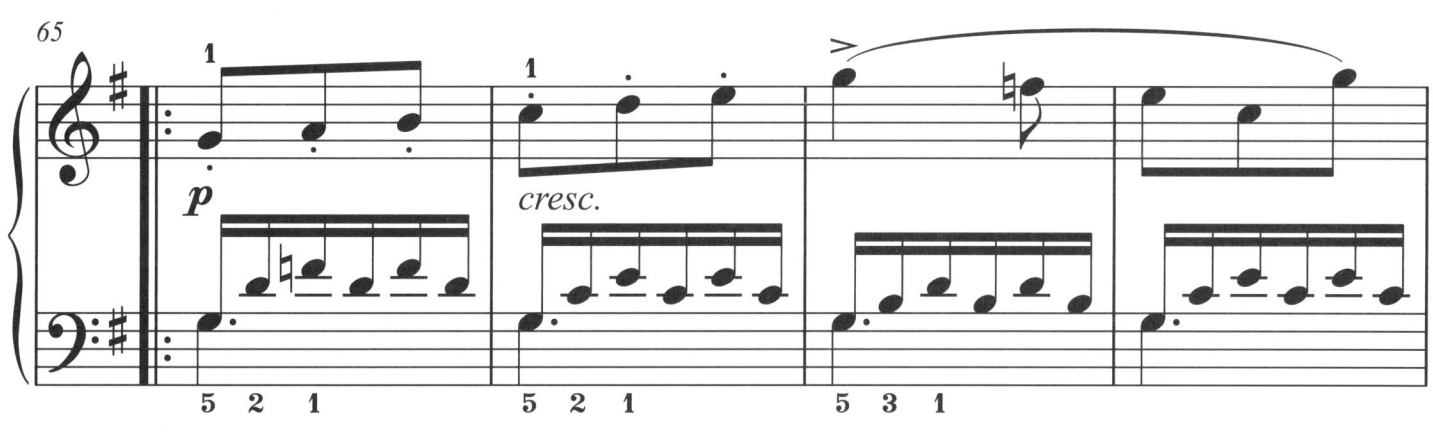

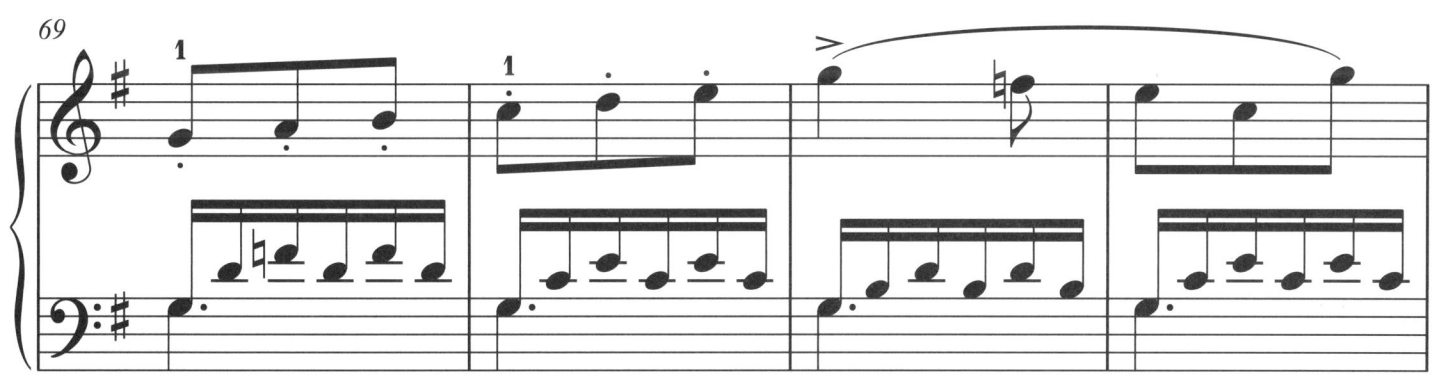

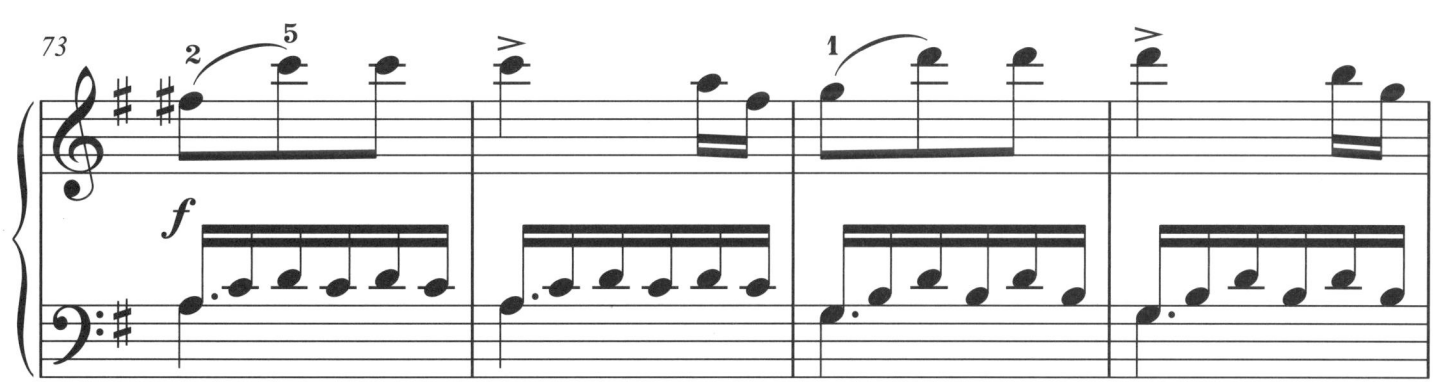

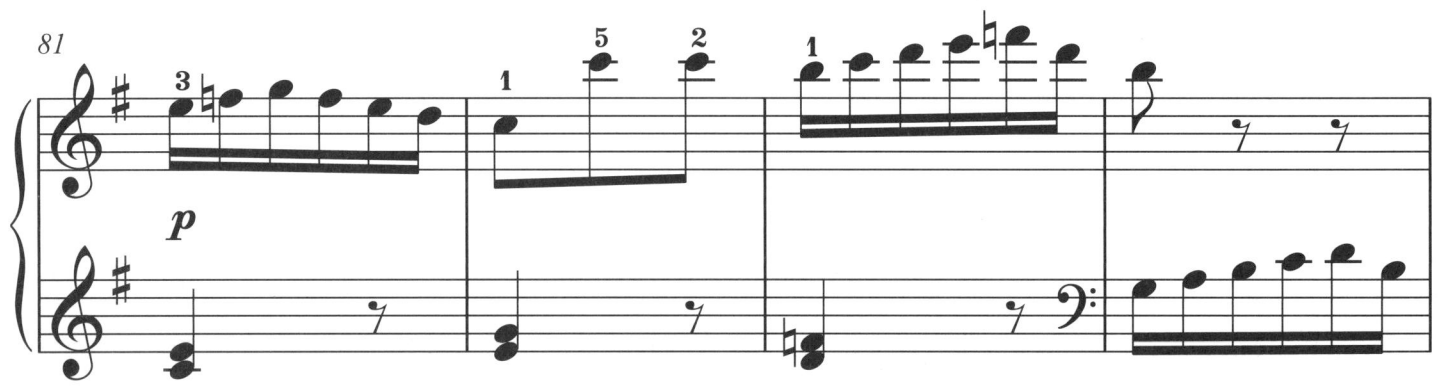

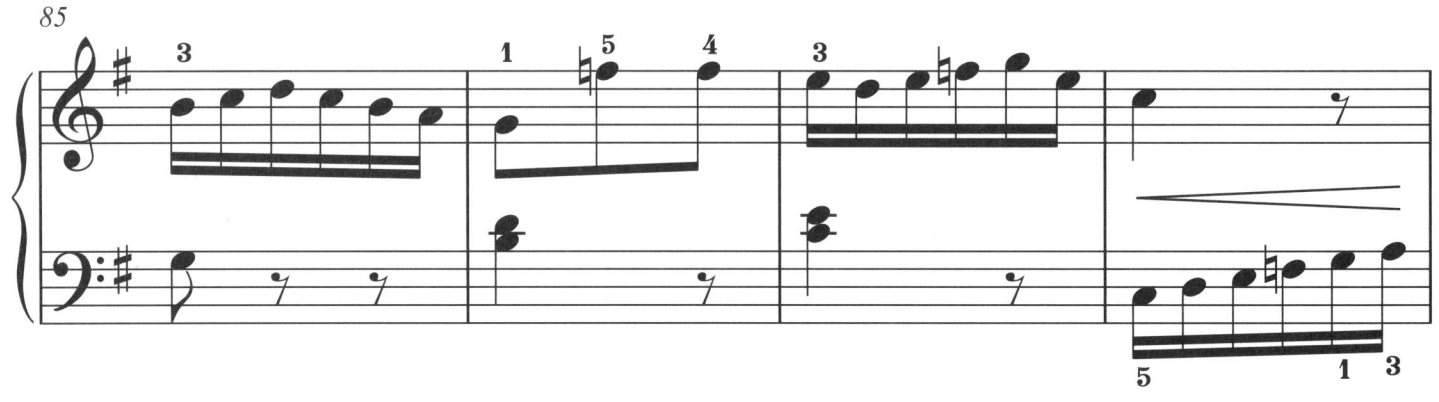

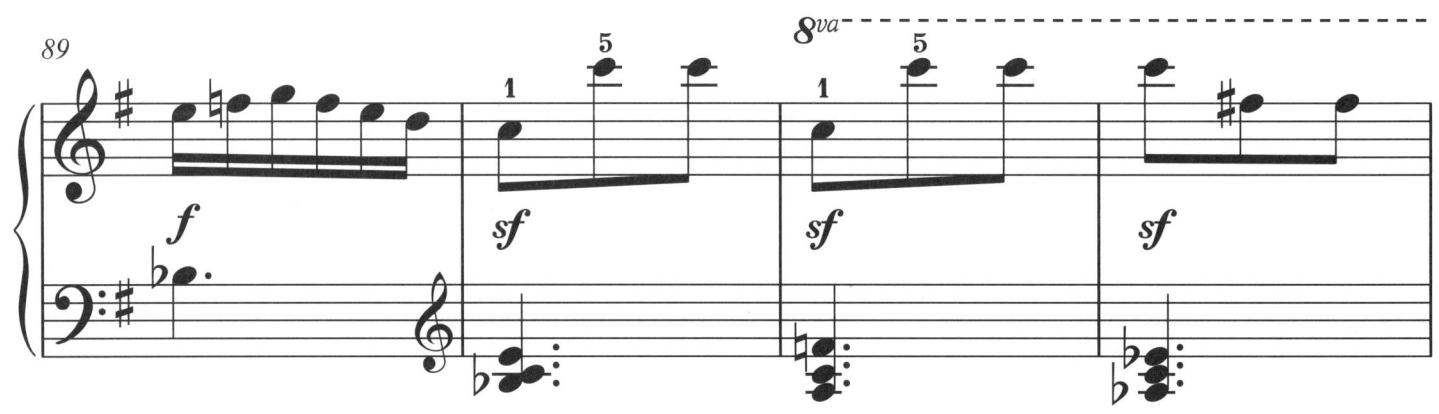

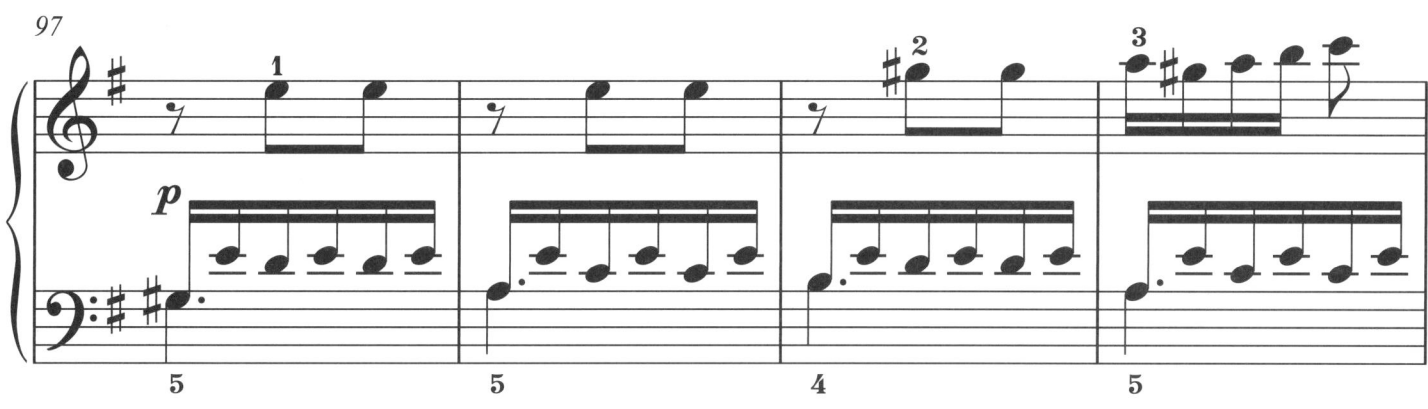

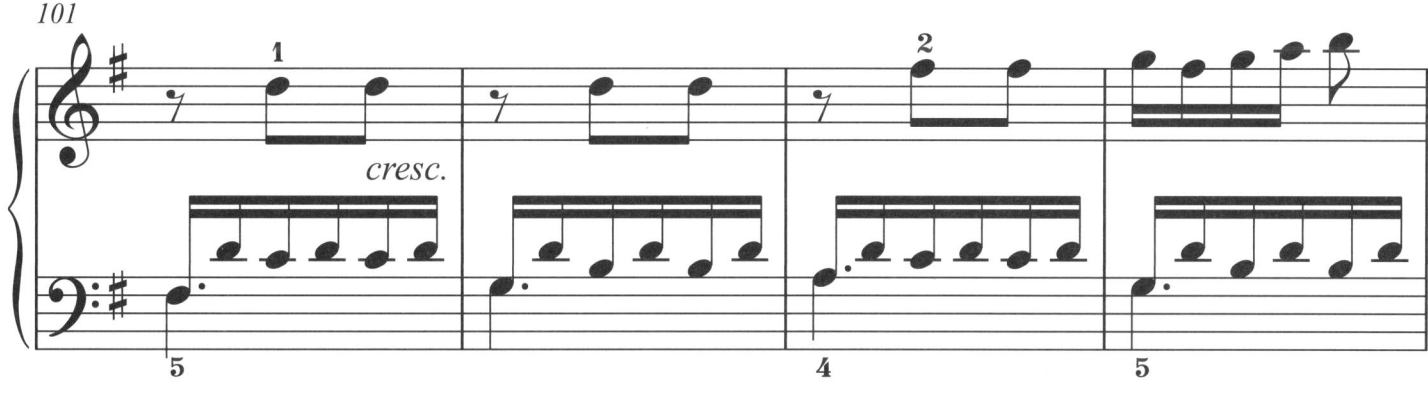

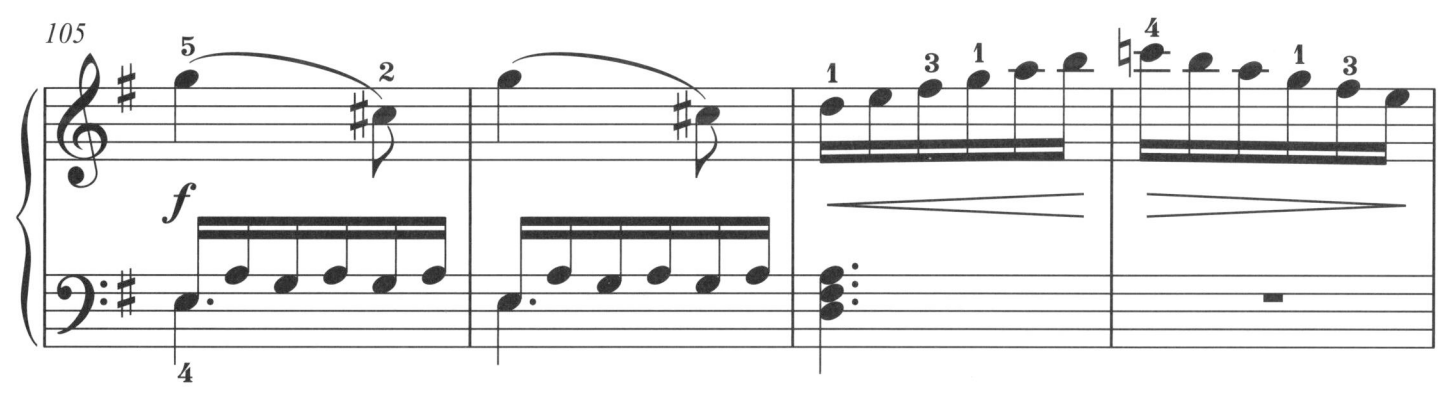

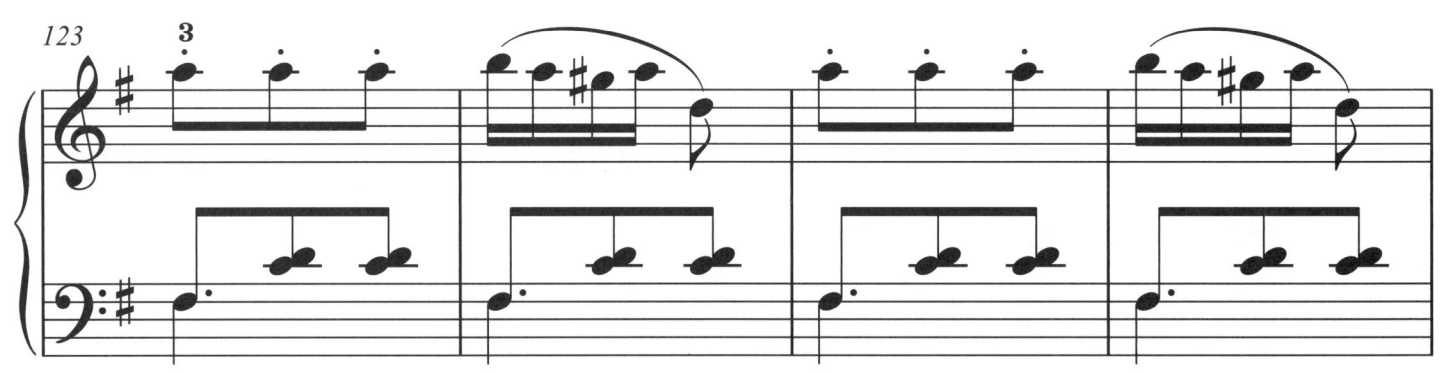

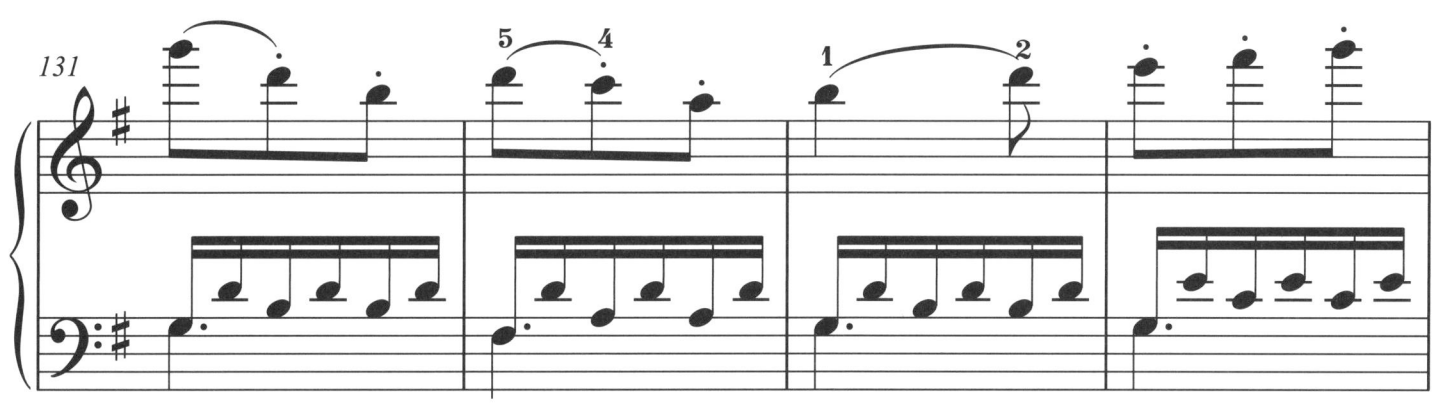

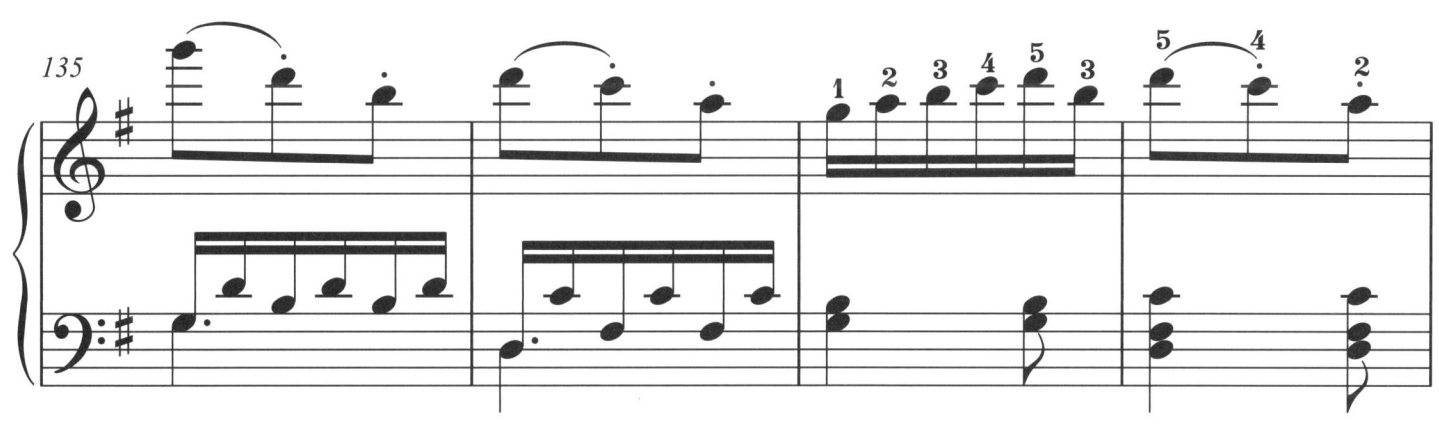

소나티나

Op. 114, No. 4 2nd mov.
Arietta

1. *mf* (메조 포르테) 지만 왼손 반주는 화성적 색채로 차분하게 연주하며, 오른손 멜로디는 튀어나오는 소리가 나지 않도록 주의합니다.

2. 슬러 대부분은 조용히 마치지만, 간혹 5-6마디처럼 크레셴도(*cresc.*) 되는 곳도 있습니다.

3. 돌체(*dolce*)에선 조용히 연주하며, 더욱 부드럽게 급하지 않게 연주합니다.

G. Lange
랑게

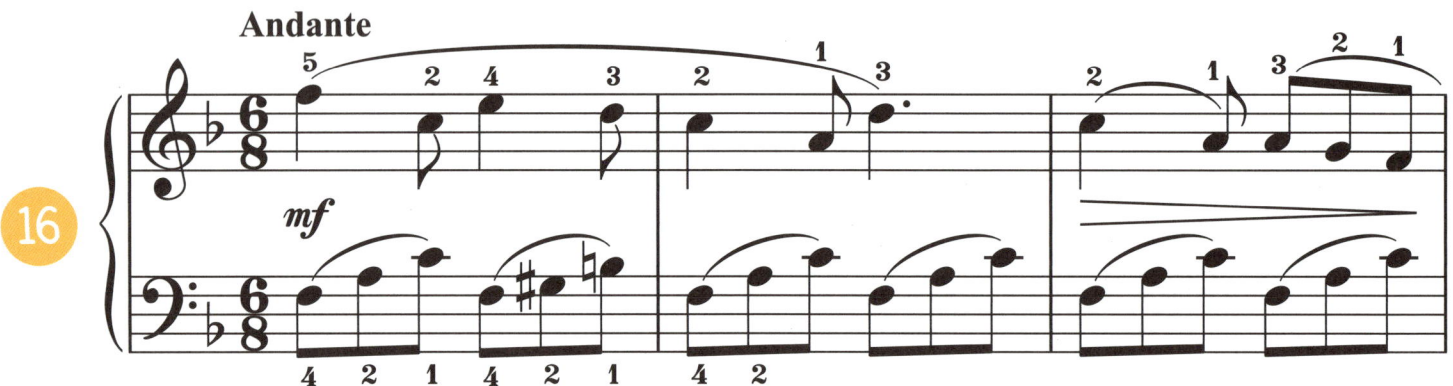

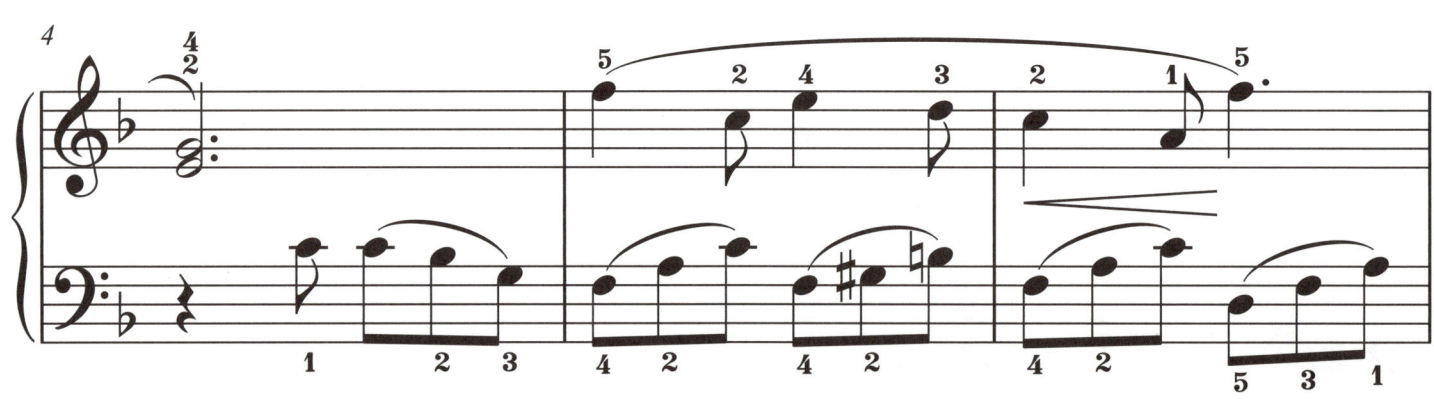

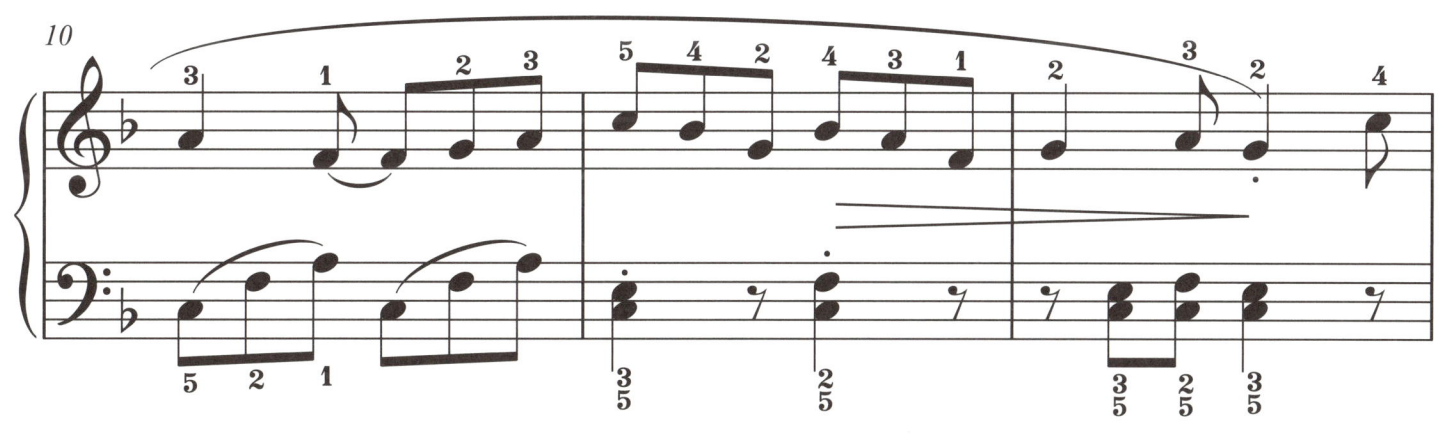

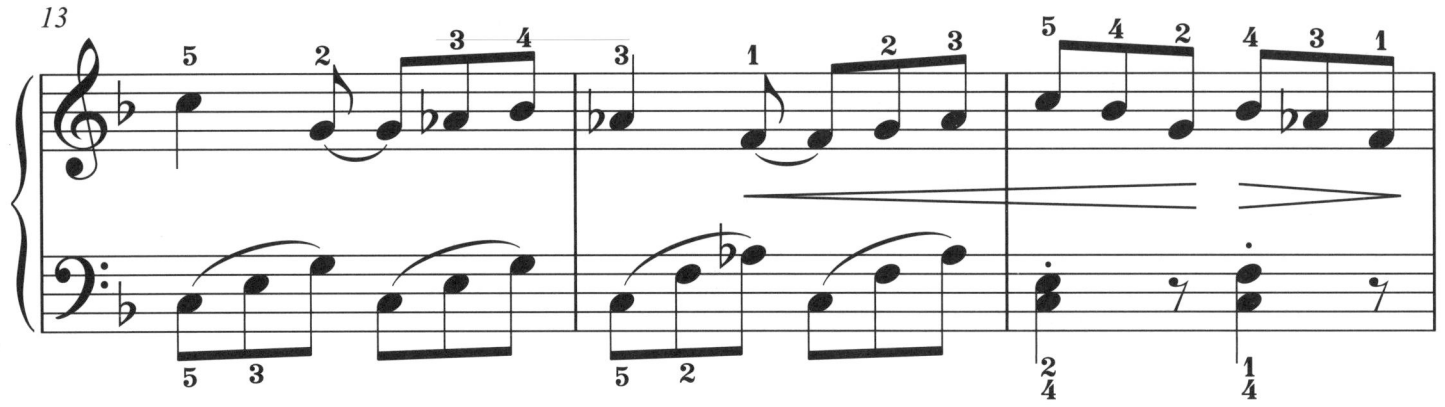

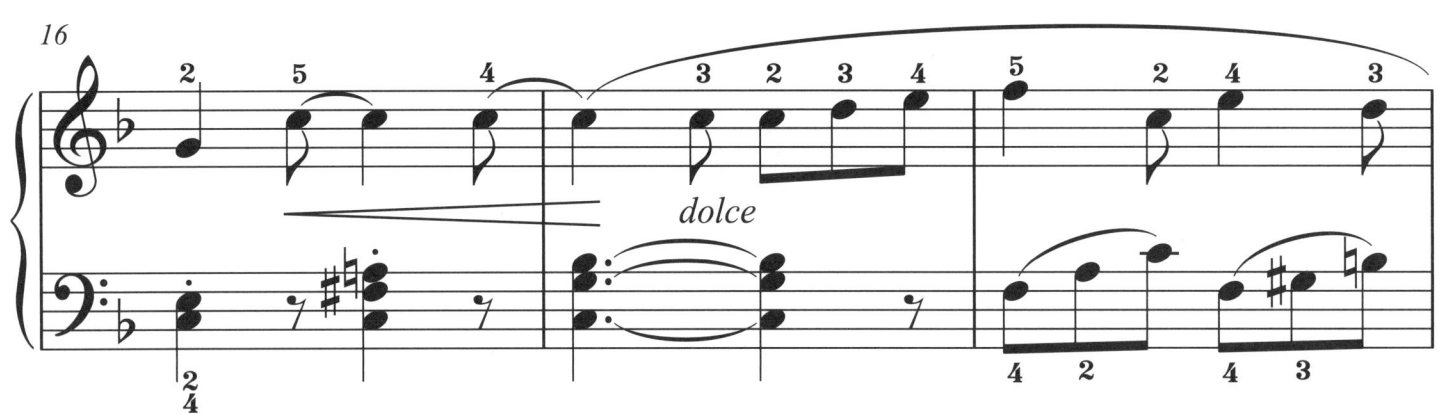

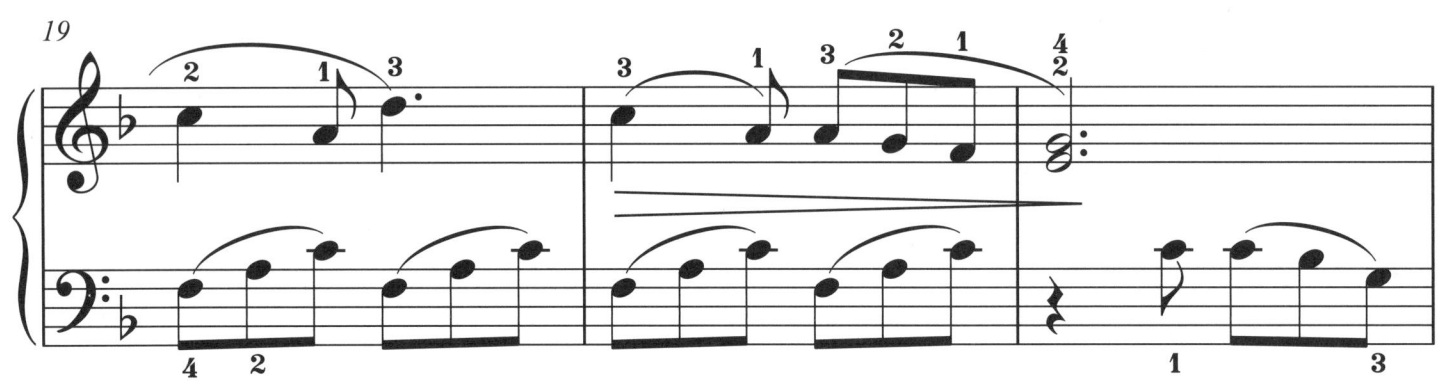

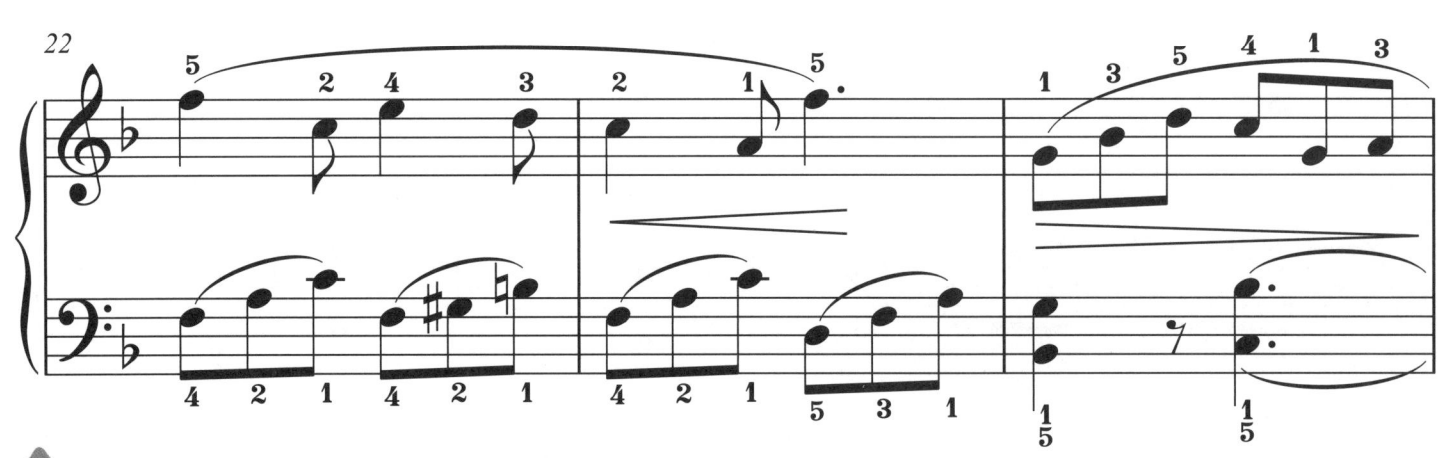

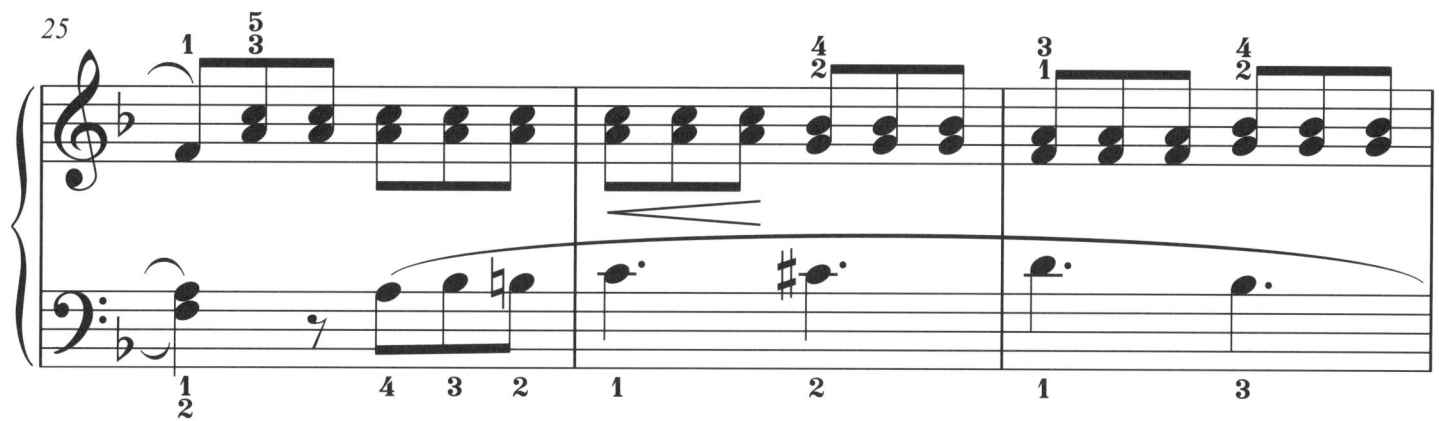

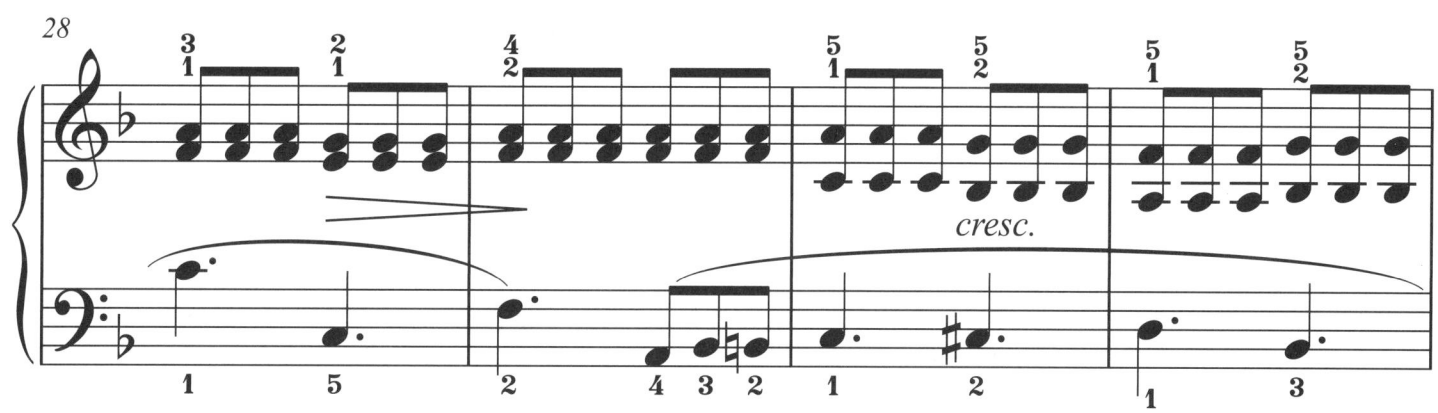

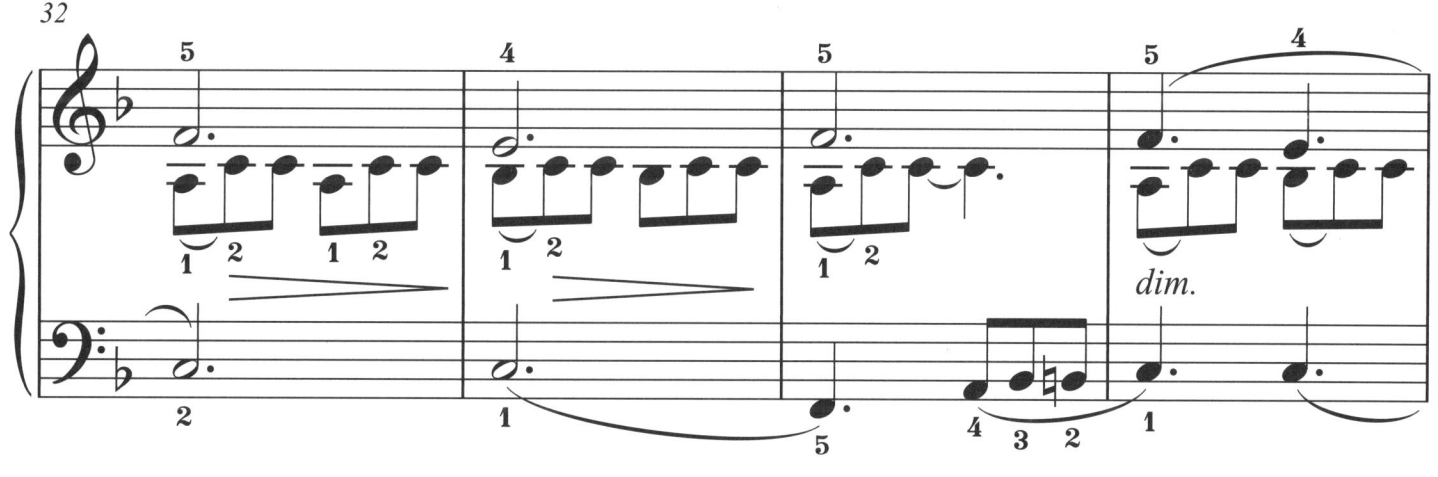

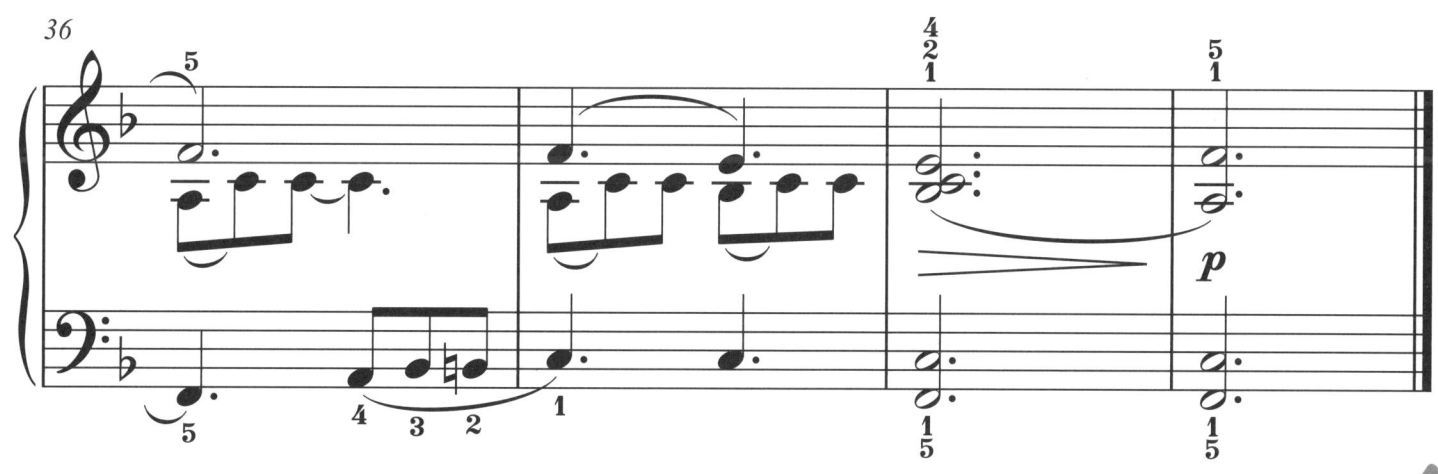

소나티나

Op. 163, No. 1 2nd mov.
Rondo

1. 1-2마디 메조 스타카토와 3마디 스타카토의 차이를 뚜렷하게 표현합니다.

2. 스타카토와 슬러의 대비를 풍부하게 표현하며 연주합니다.

3. 중간부를 제외하고 템포와 리듬을 정확하게 연주합니다.

C. Czerny
체르니

Rondo
Allegro

17

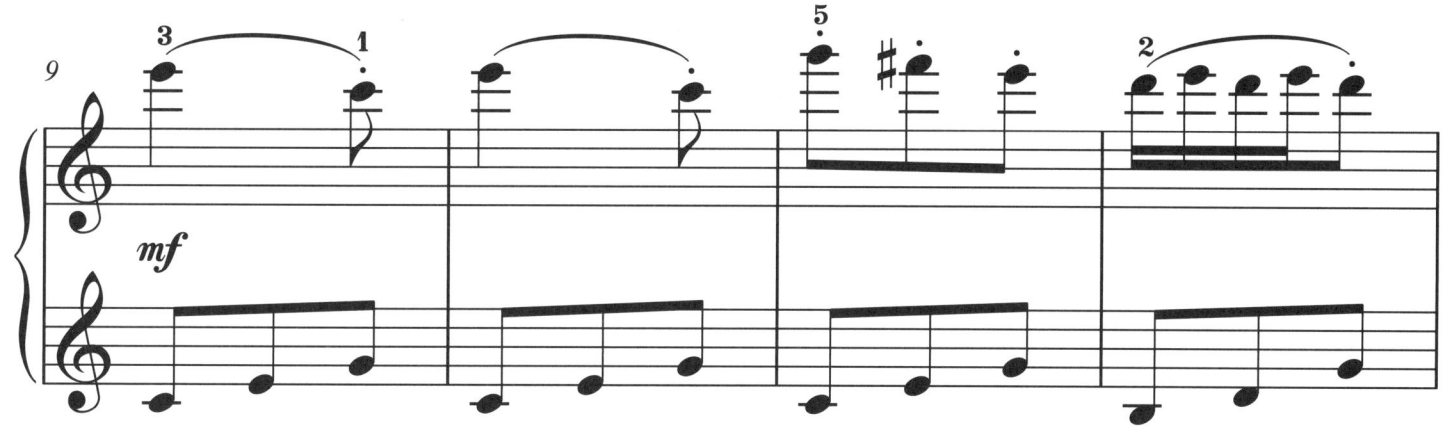

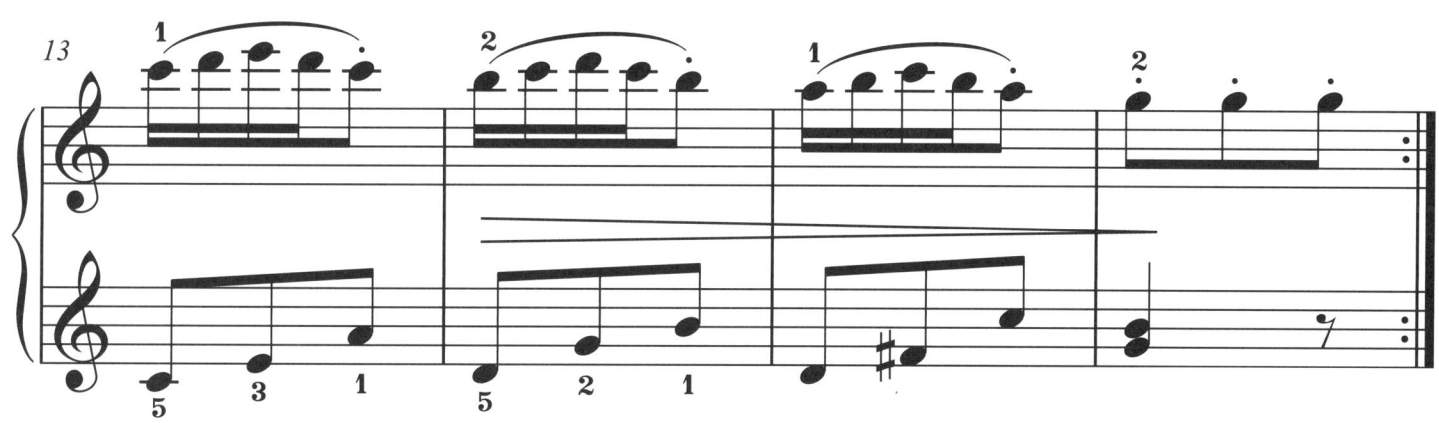

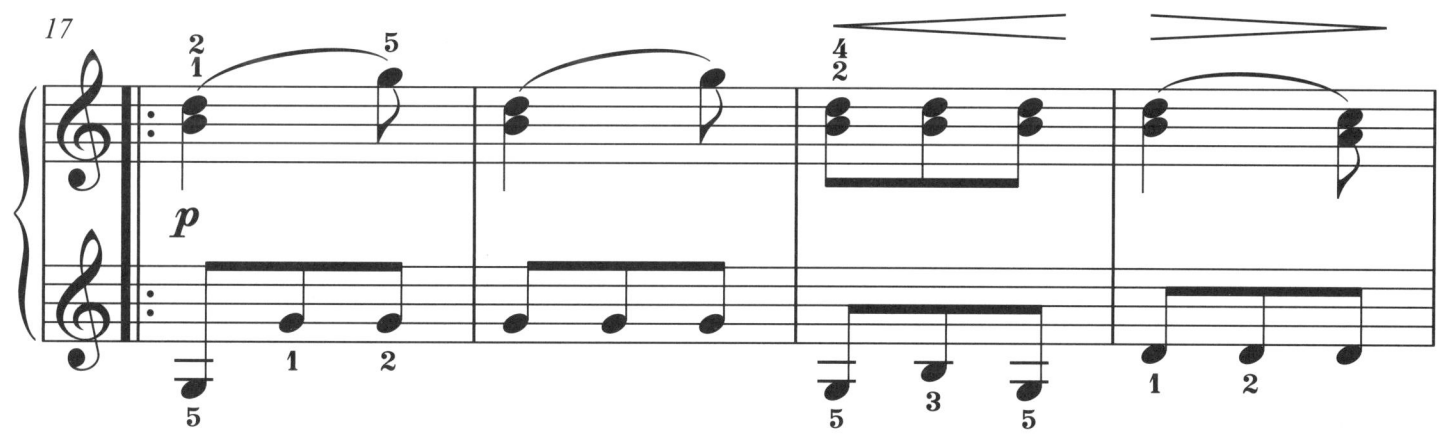

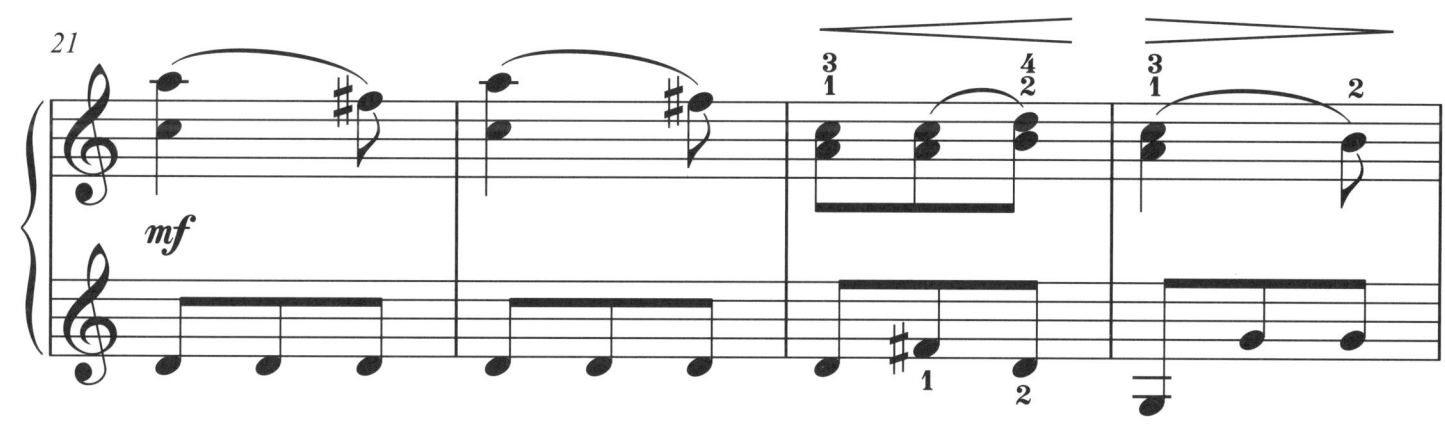

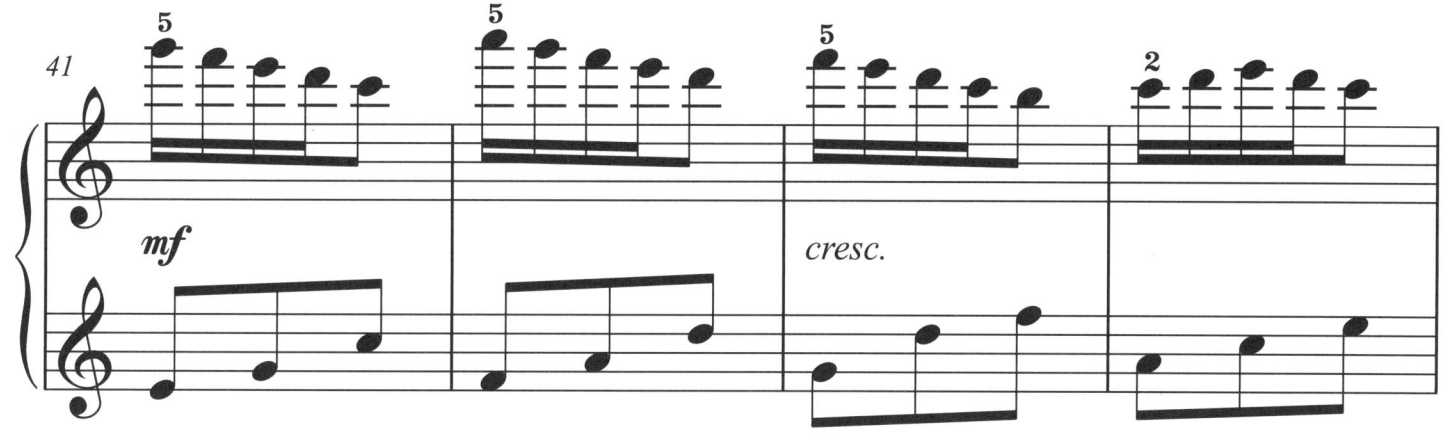

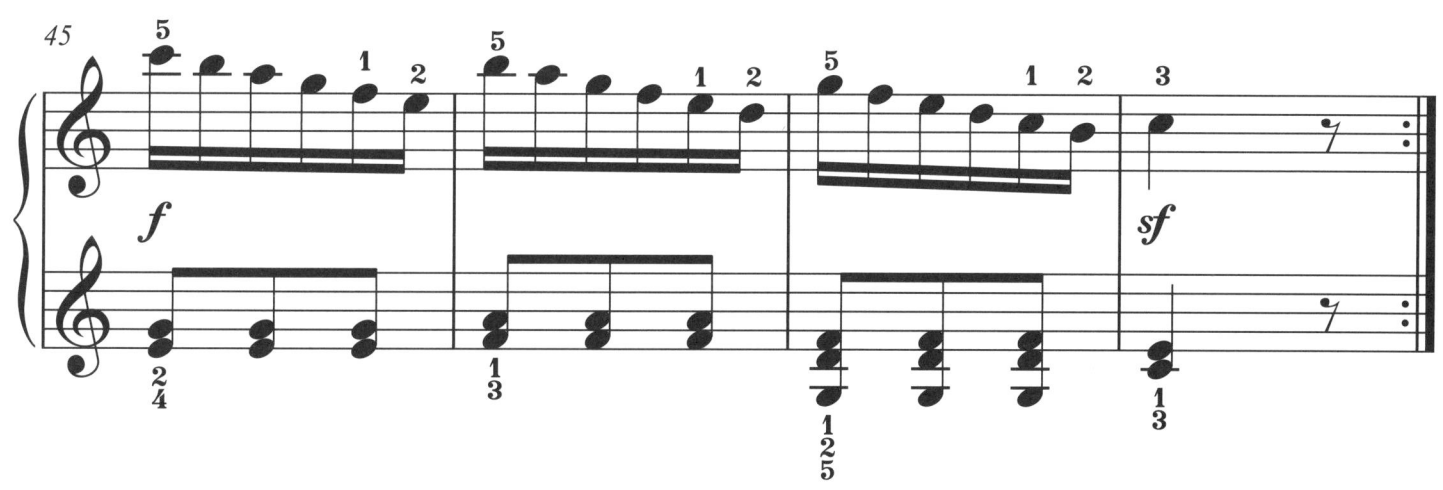

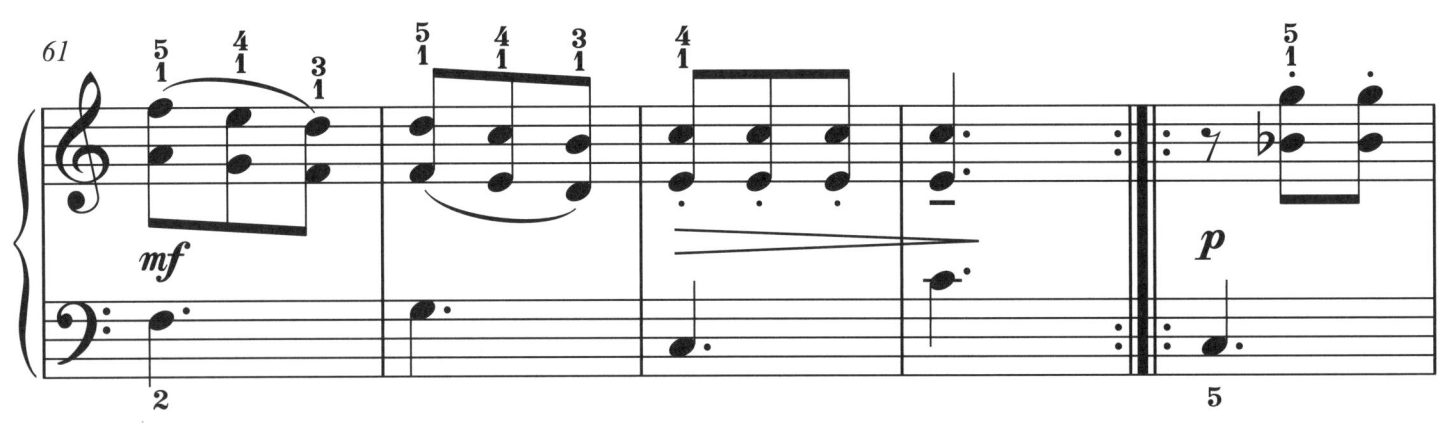

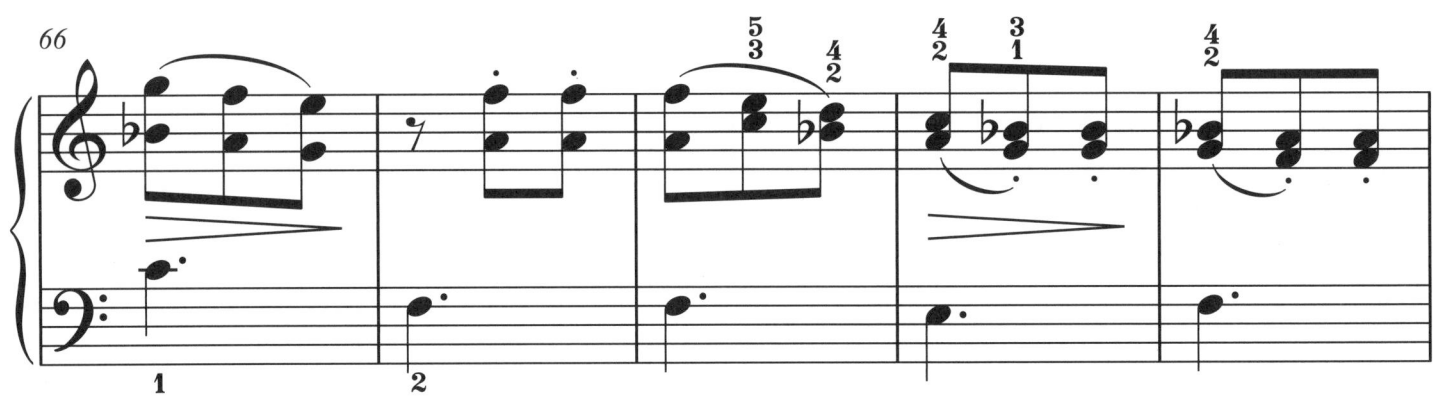

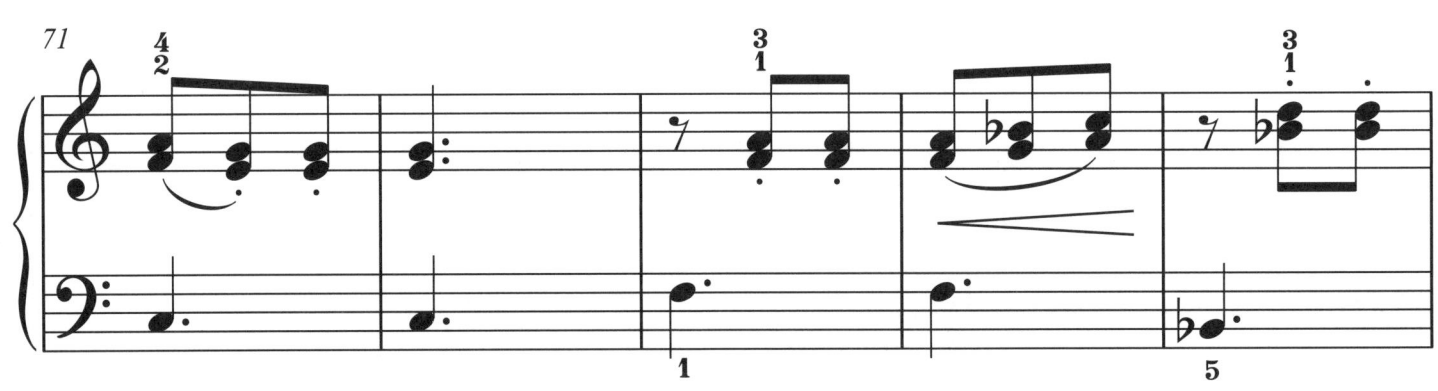

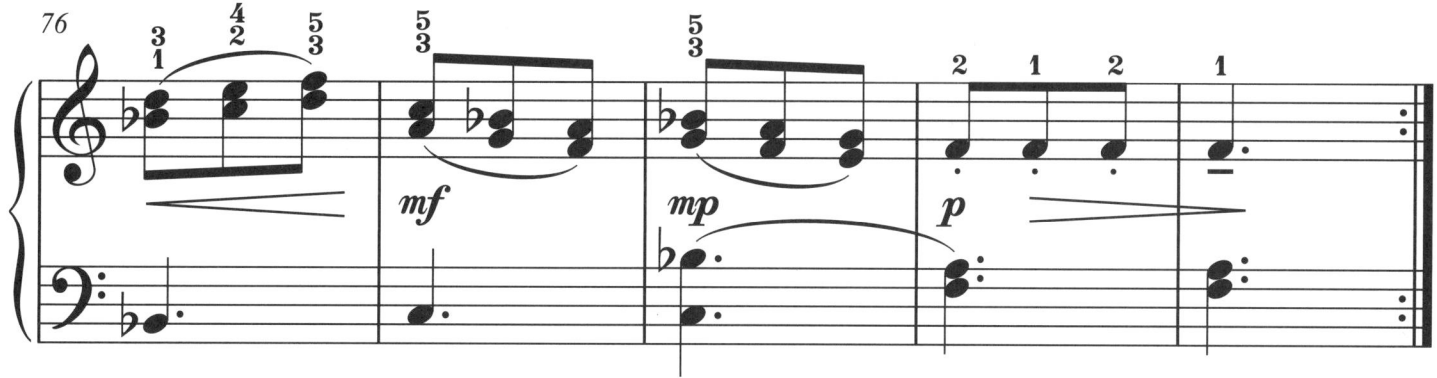

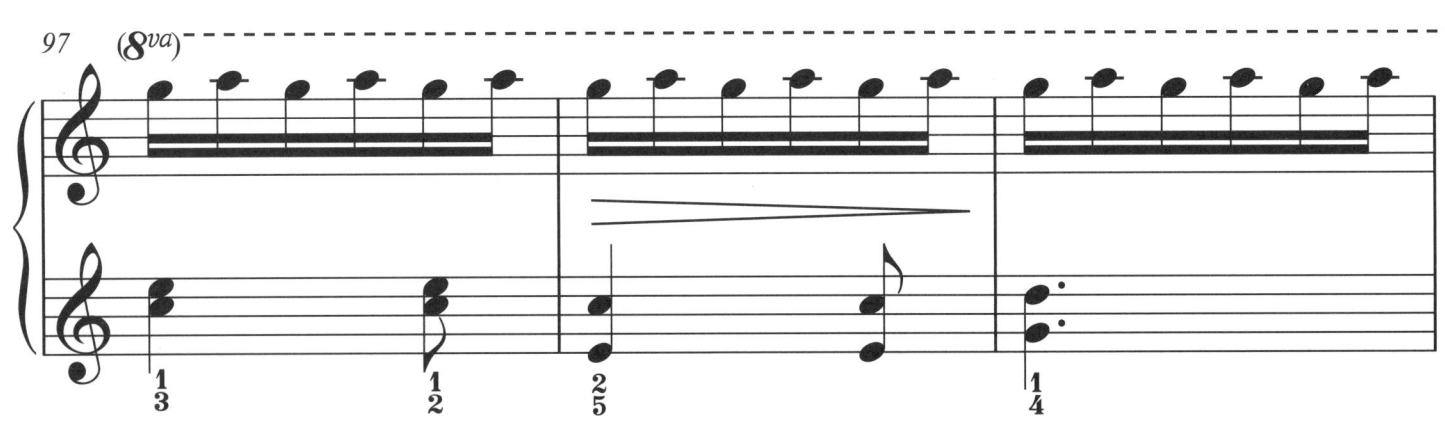

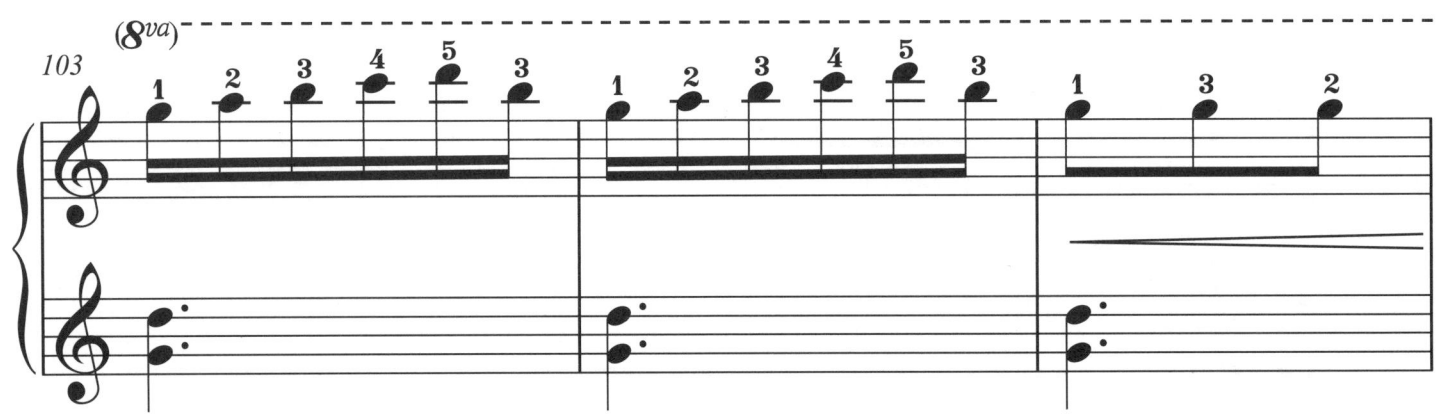

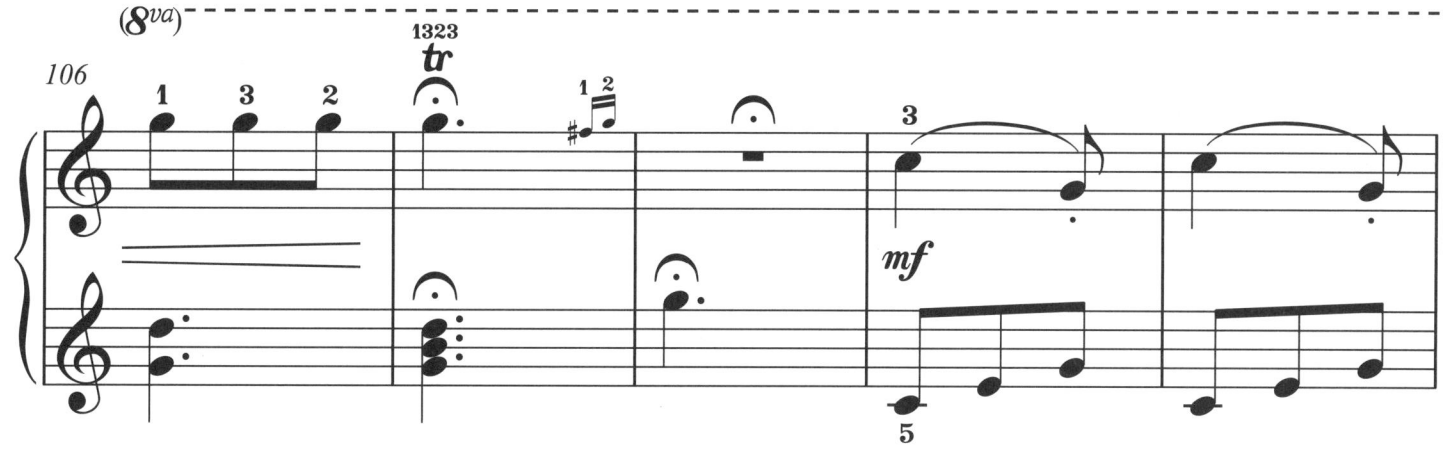

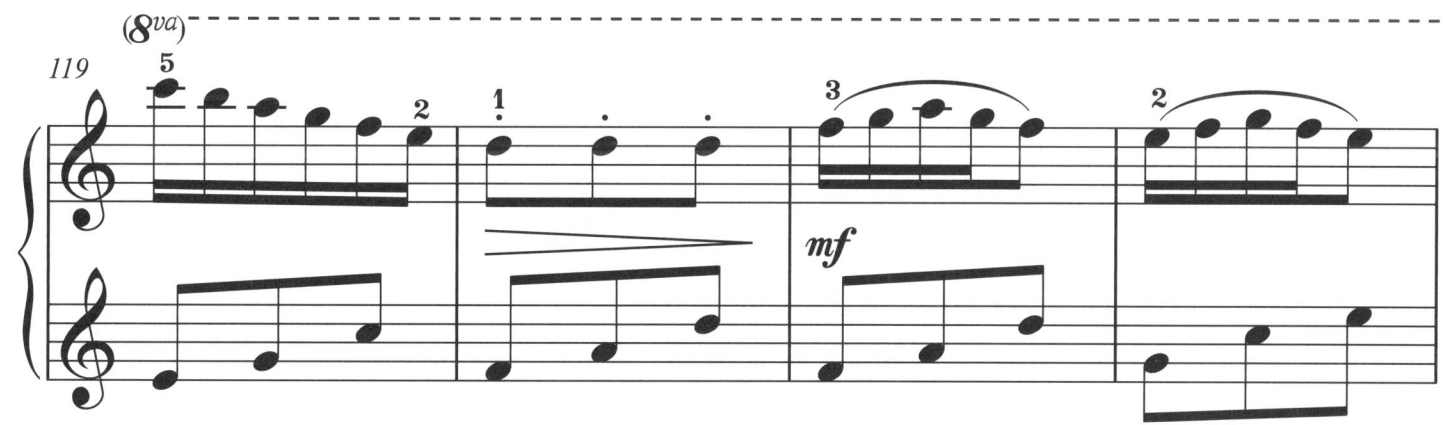

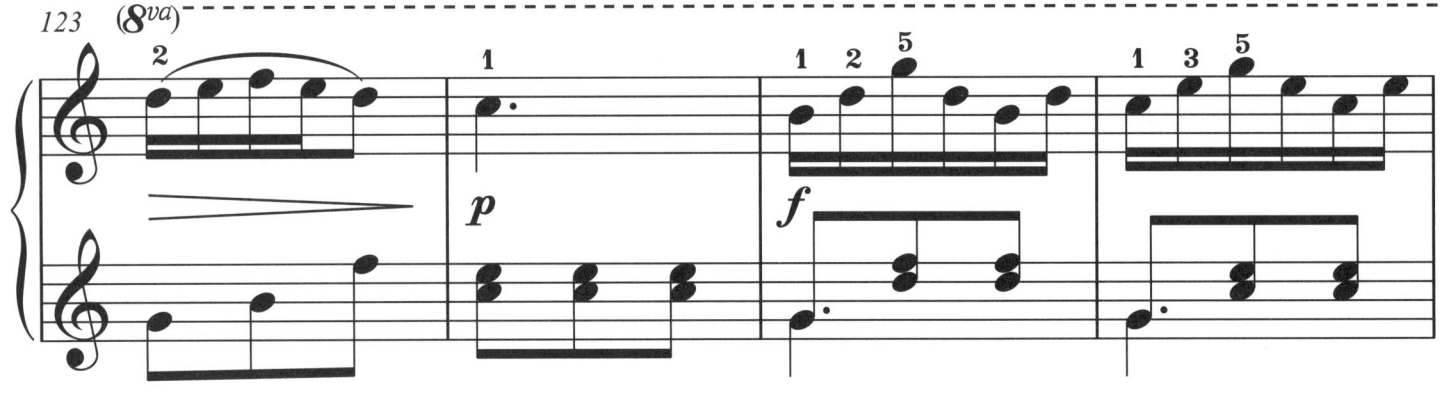

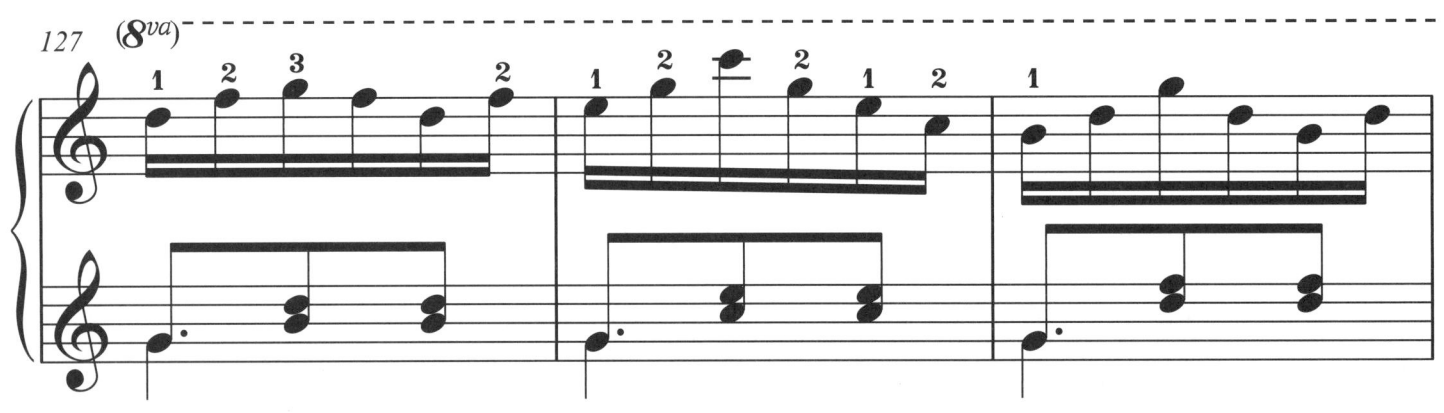

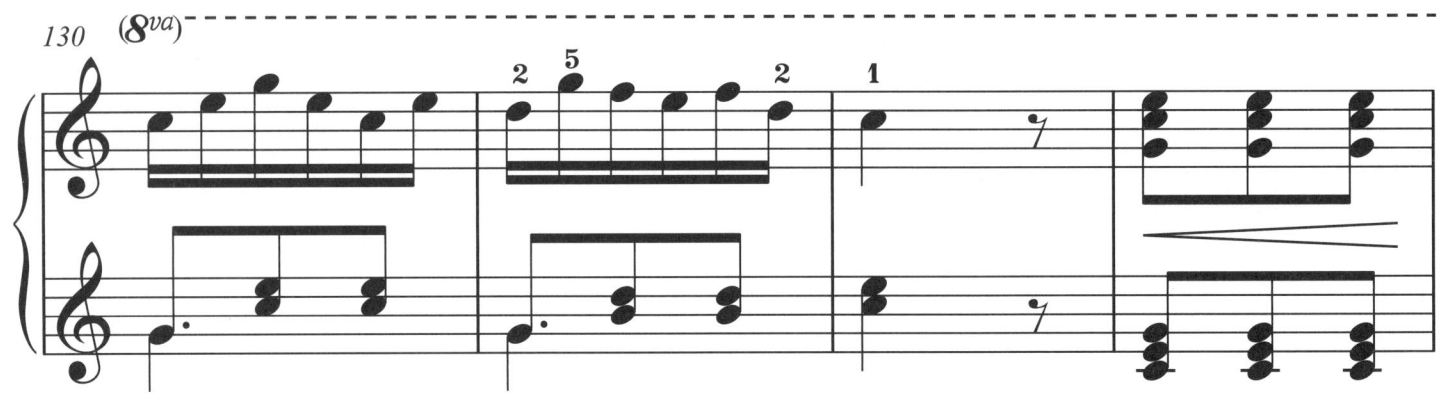

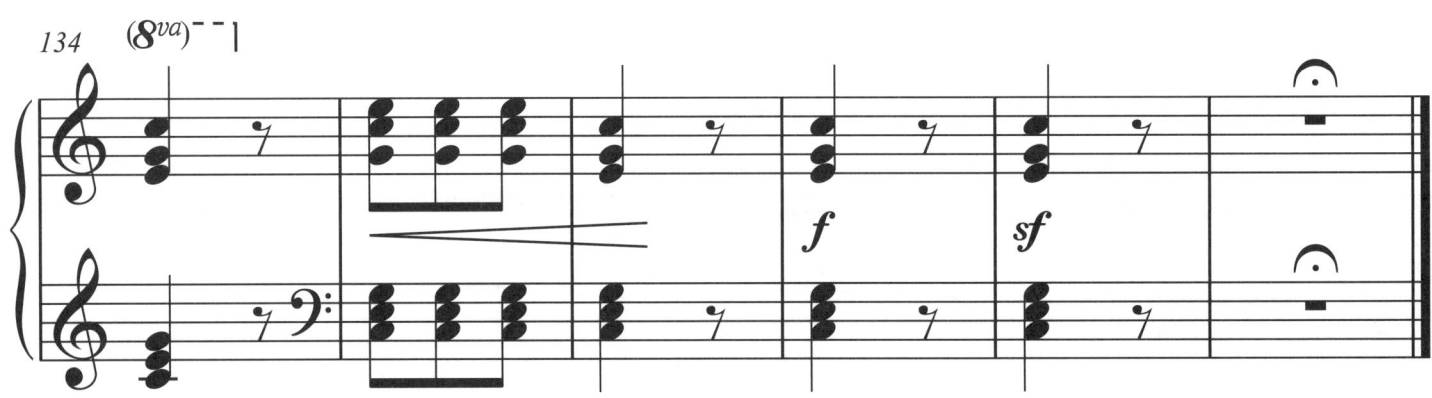

알레그로

J. N. Hummel
훔멜

18

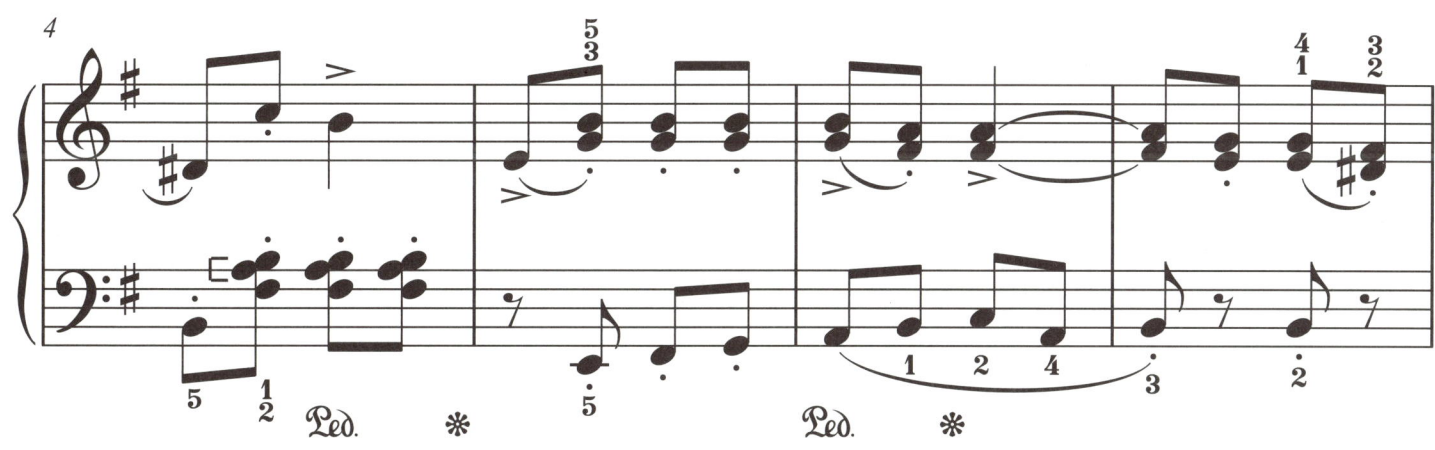

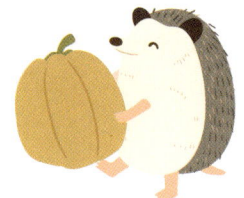

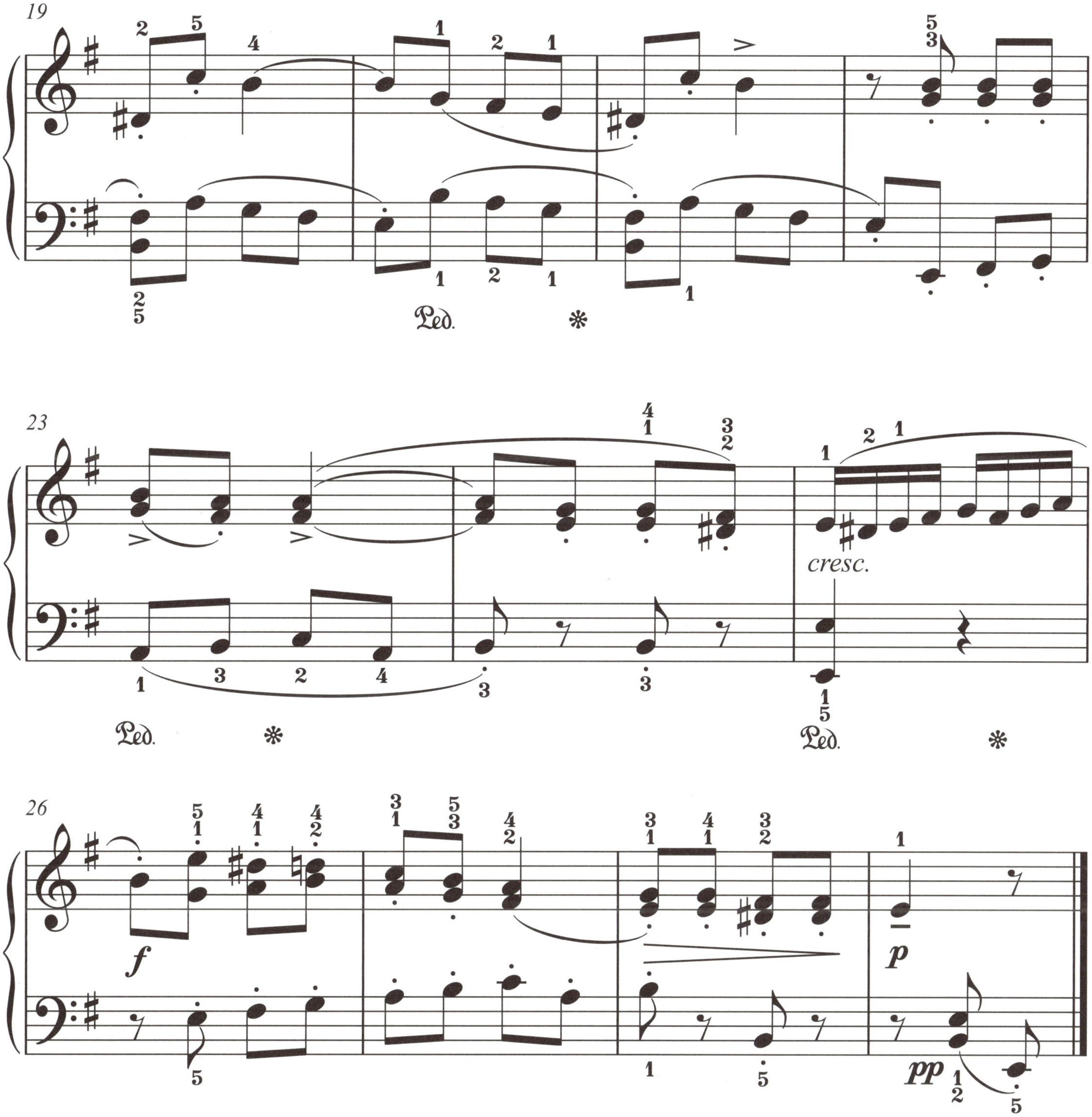
19
Ped.
23
cresc.
Ped.
Ped.
26
f
p
pp

소나티나

Op. 66, No. 3 2nd mov.

1. **p espressivo**(피아노 에스프레시보)로 시작되지만, 18마디 재현부에서 더욱 감정을 풍부하게 표현하며, 모렌도(*morendo* : 점점 느리고 사라지듯이)로 곡을 마칩니다.

2. 1-9마디의 베이스 음은 여리게 연주하고, 10-17마디의 베이스는 보다 풍부한 감정을 담아 연주합니다.

3. 주제의 성격 표현에서 도약은 여유 있게, 하행은 민첩하게 표현하는 것이 좋습니다.

H. Lichner
리히너

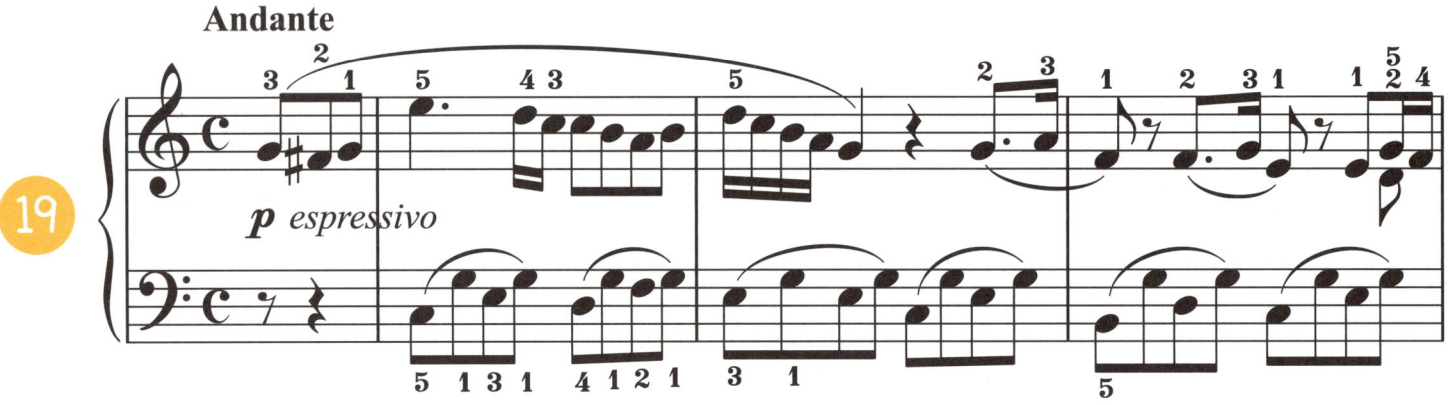

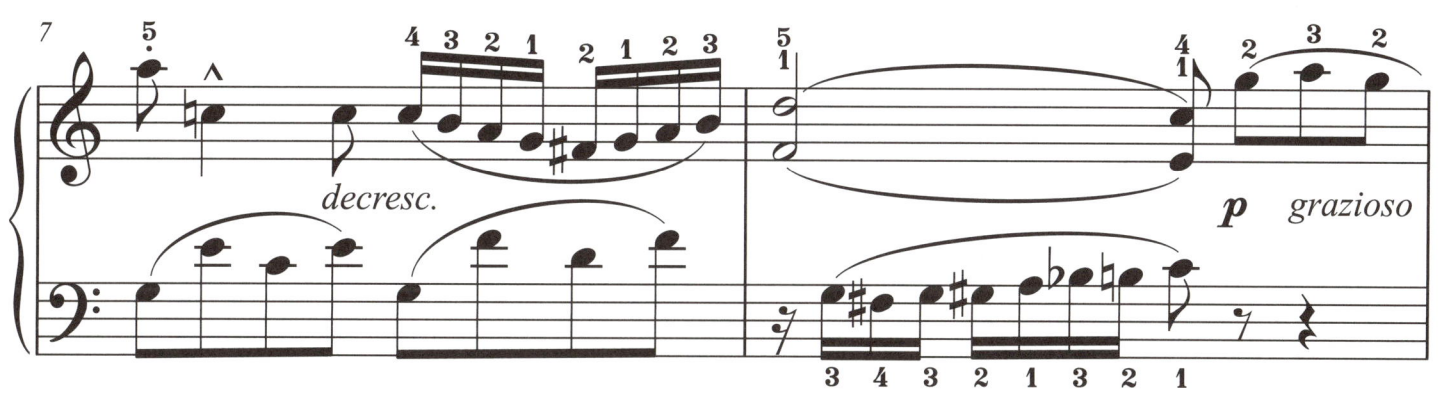

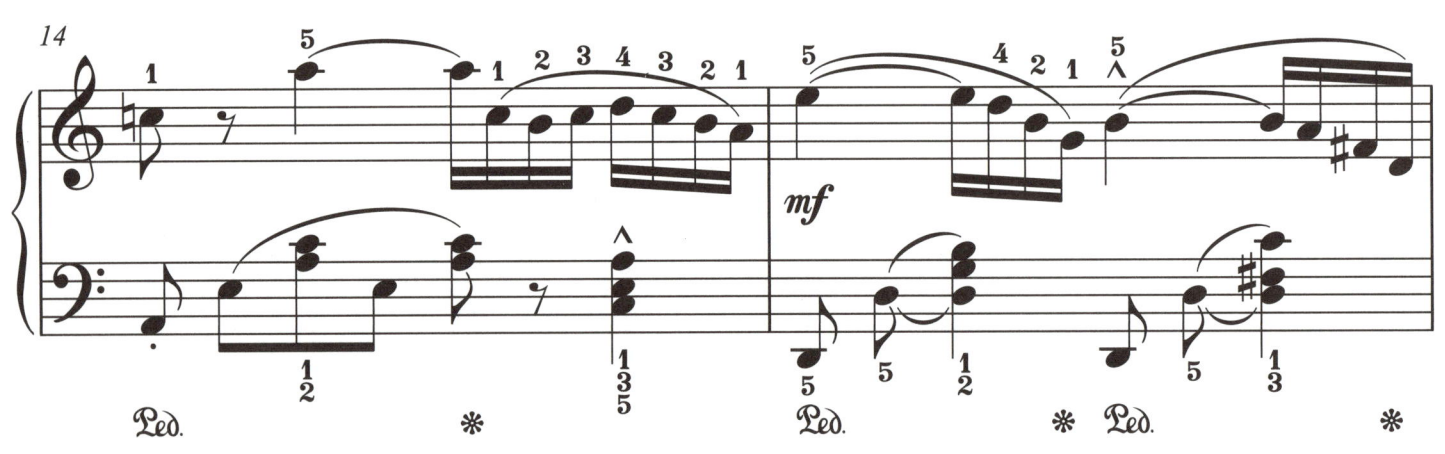

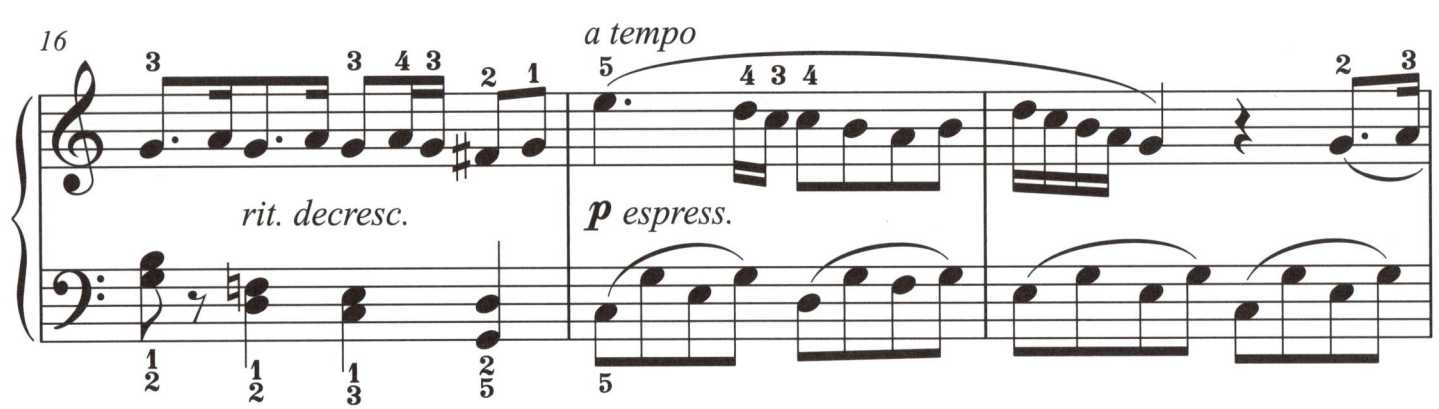

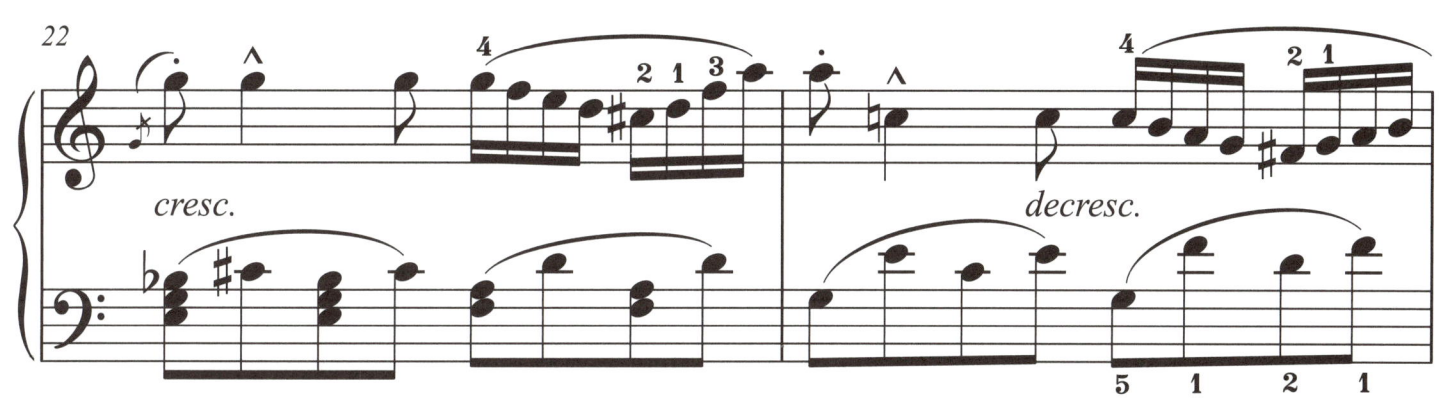

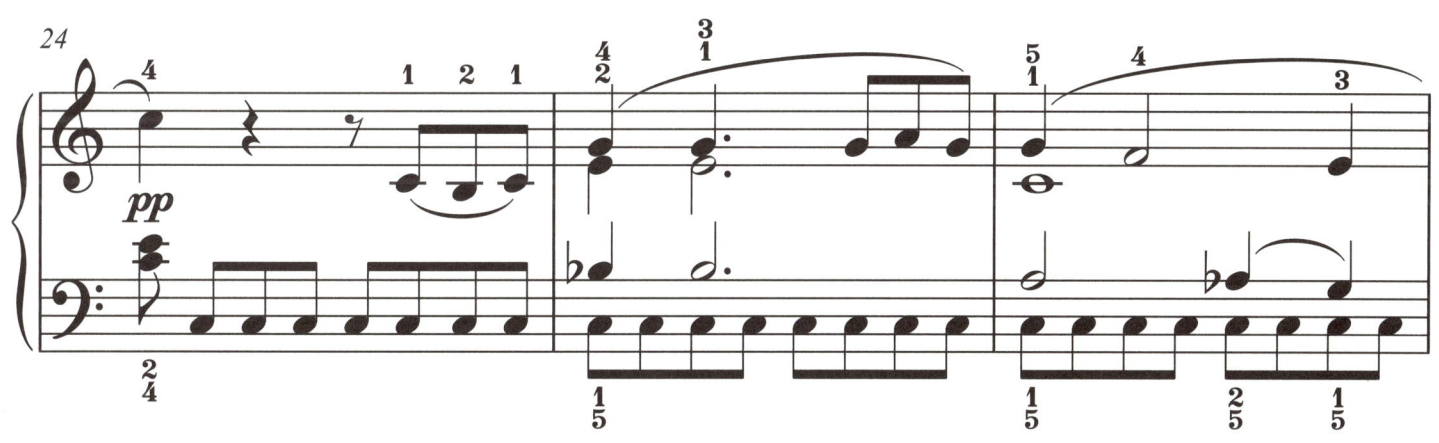

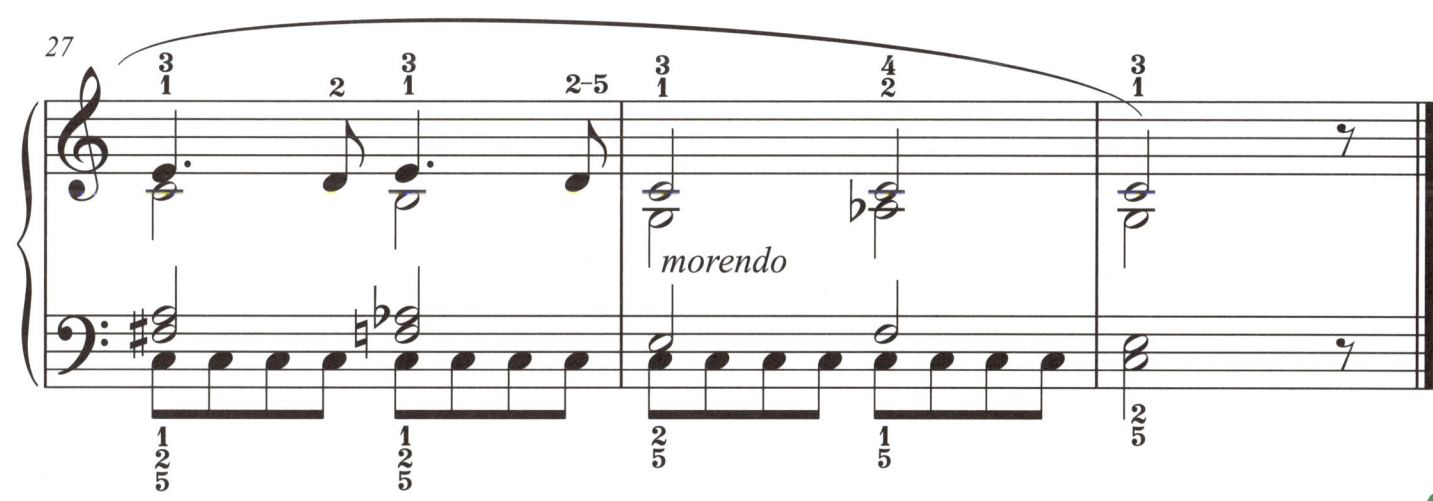

소나티나

Op. 66, No. 3 3rd mov.
Rondo

1. 왼손 화음을 꺼내듯이 터치하며 스타카토를 표현합니다.

2. 스타카토 다음에 나오는 긴 음은 드라마틱 하게 연주합니다.

3. 코다(*Coda*)에서 오른손 선율에 맞추어 페달을 사용하면 효과적입니다.

H. Lichner
리히너

Allegro grazioso

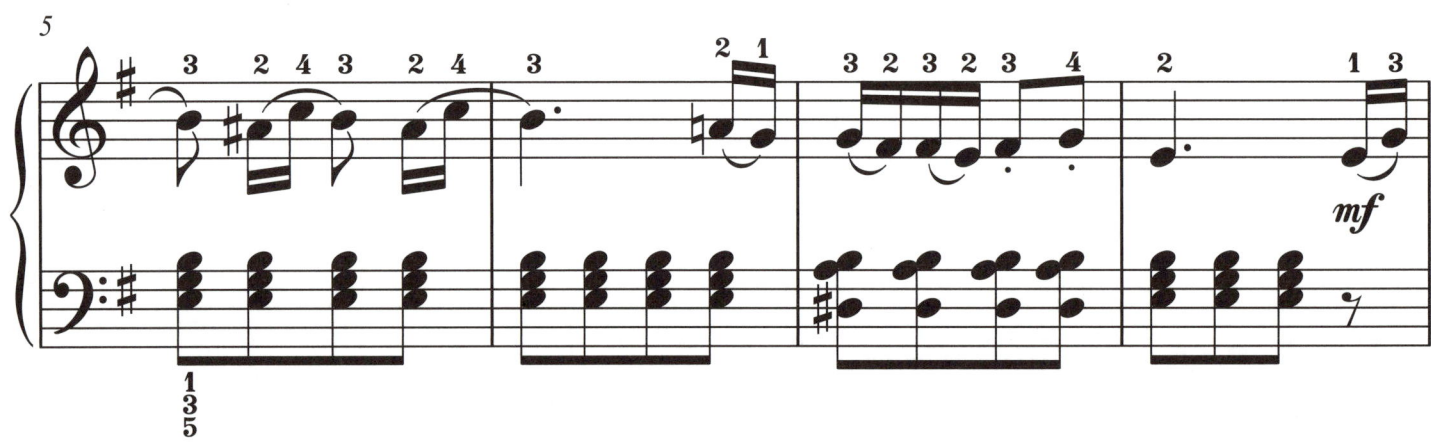

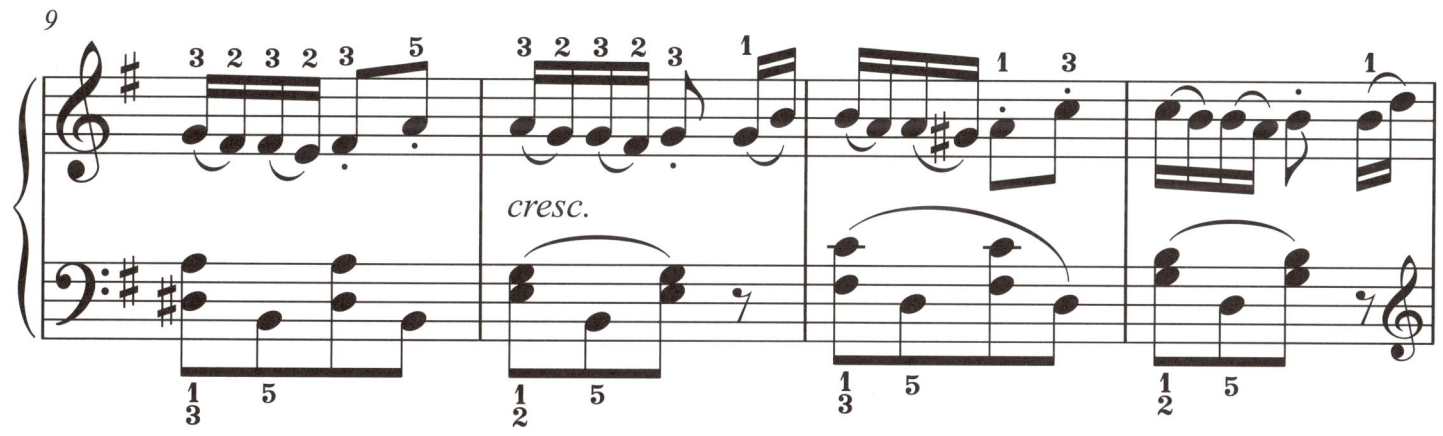

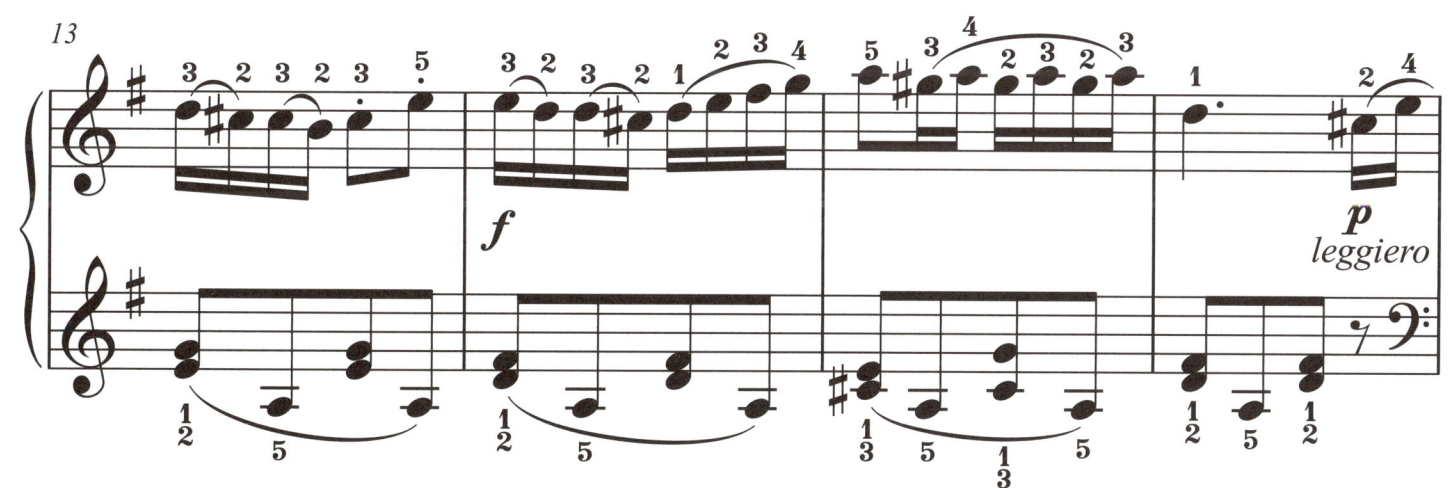

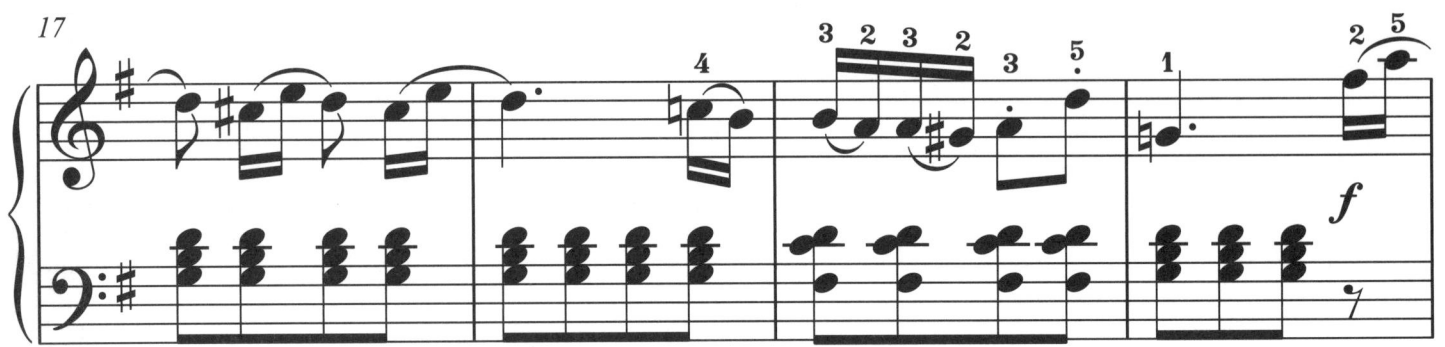

to Coda ⊕

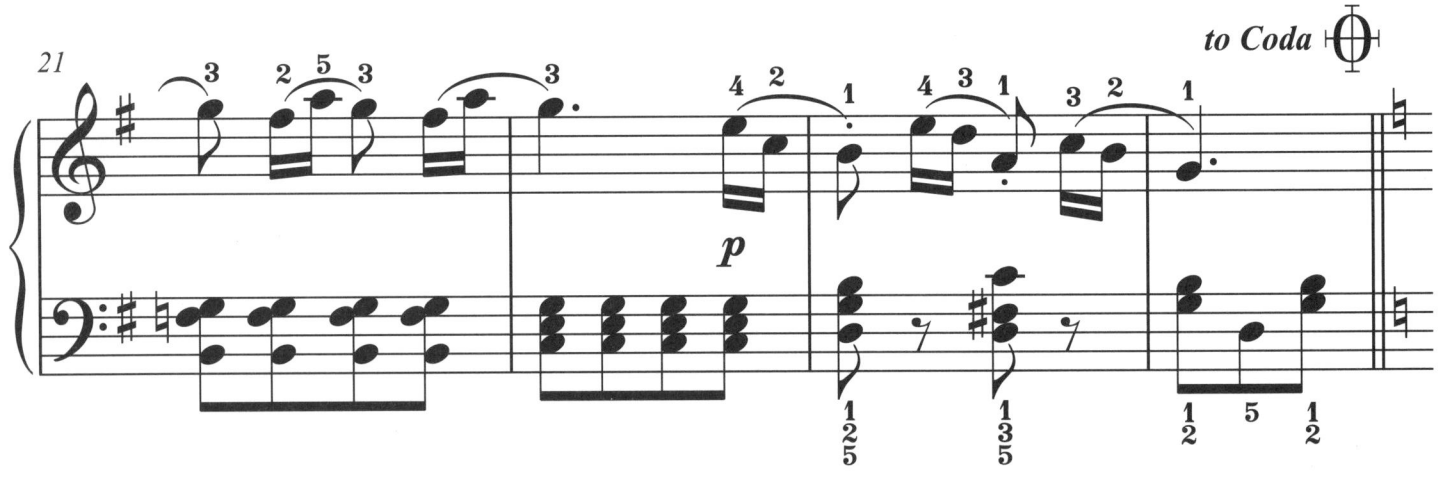

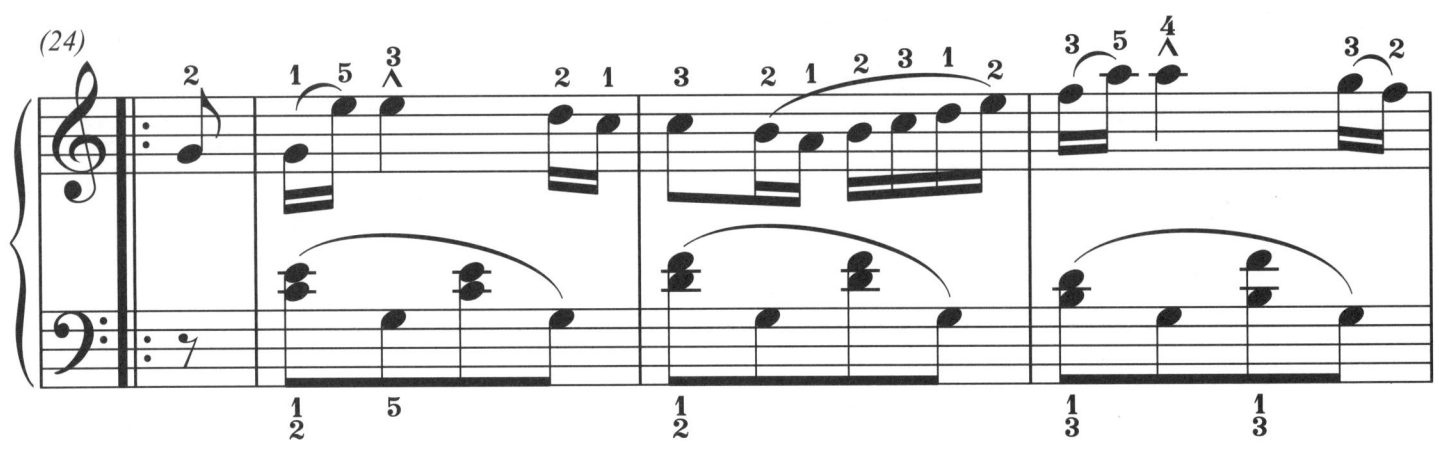

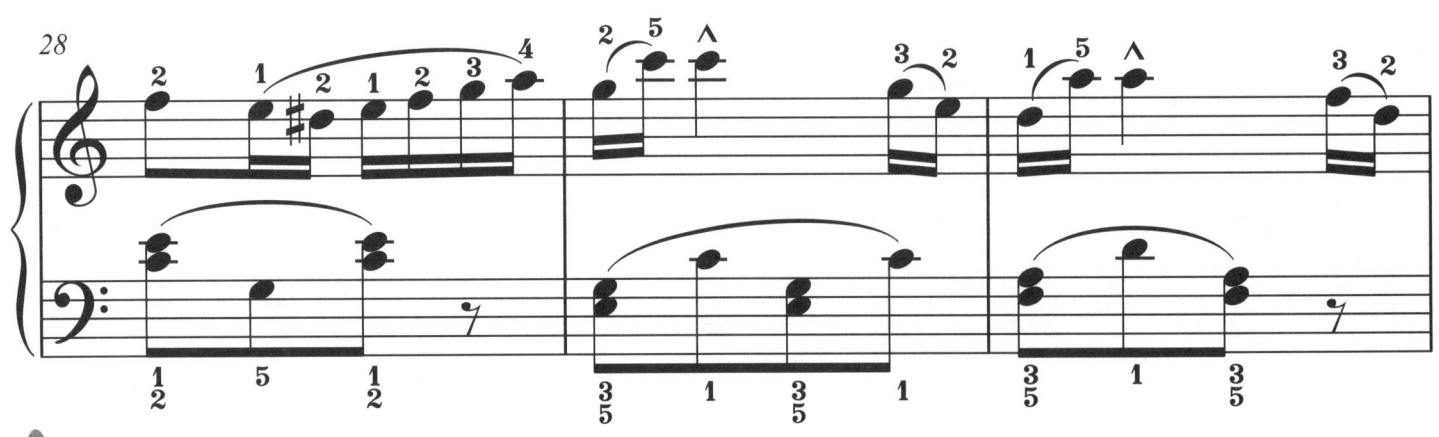

86

D.C. al Coda

소나티나

Op. 55, No. 3 3rd mov.

F. Kuhlau
쿨라우

Allegro grazioso

1st

2nd

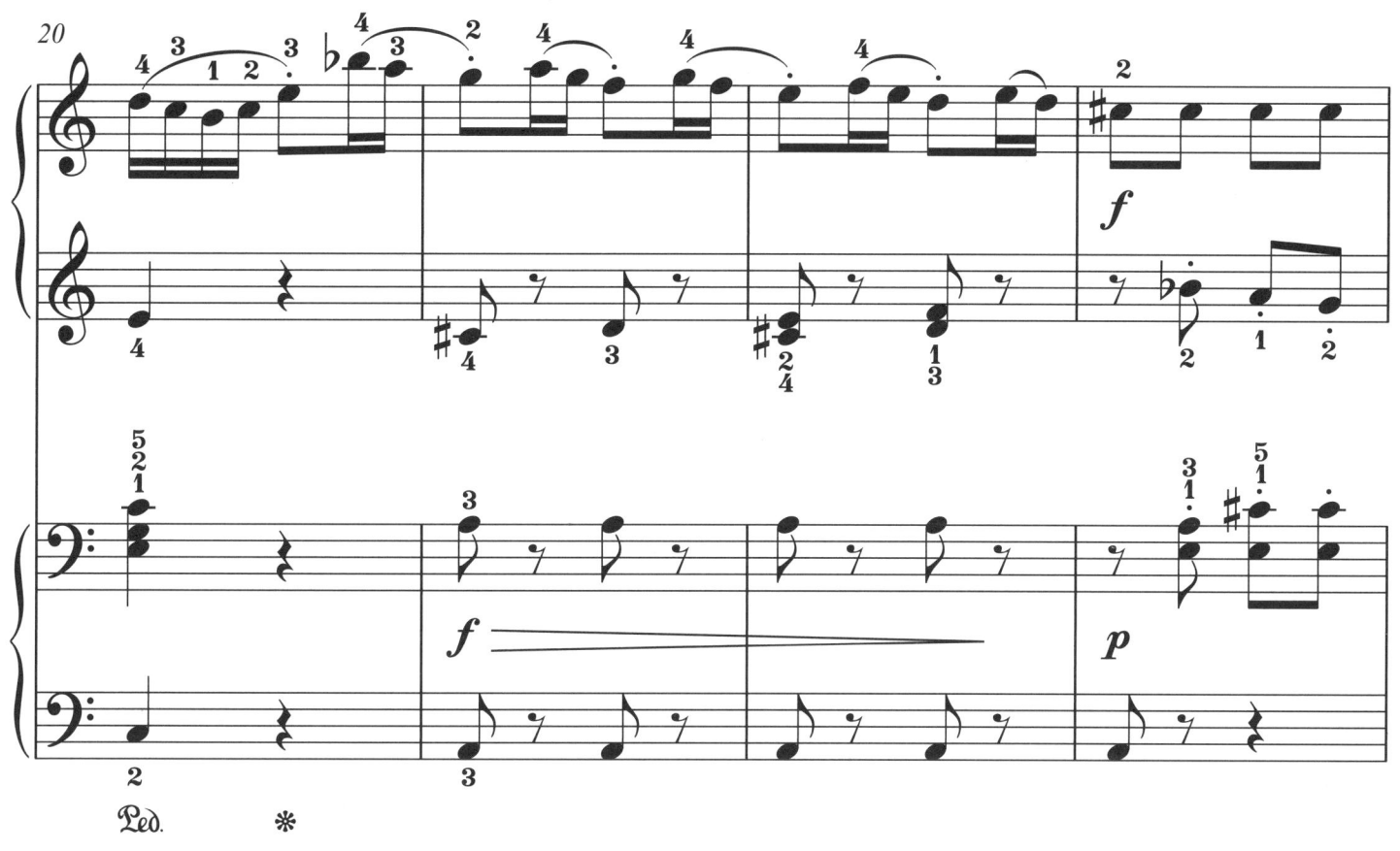

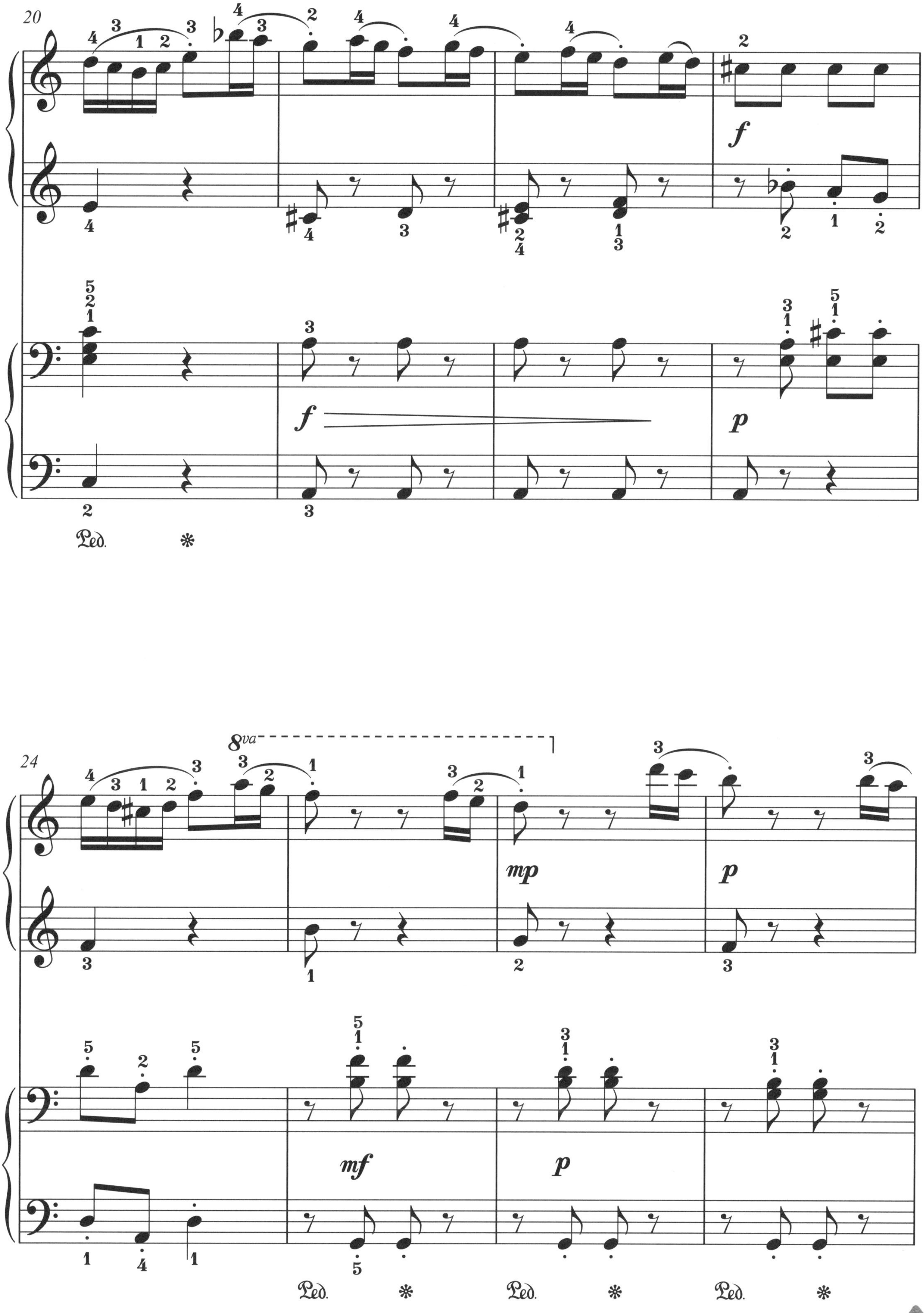
20
f
f
p
Ped.
24
8va
mp
p
mf
p
Ped.
Ped.
Ped.

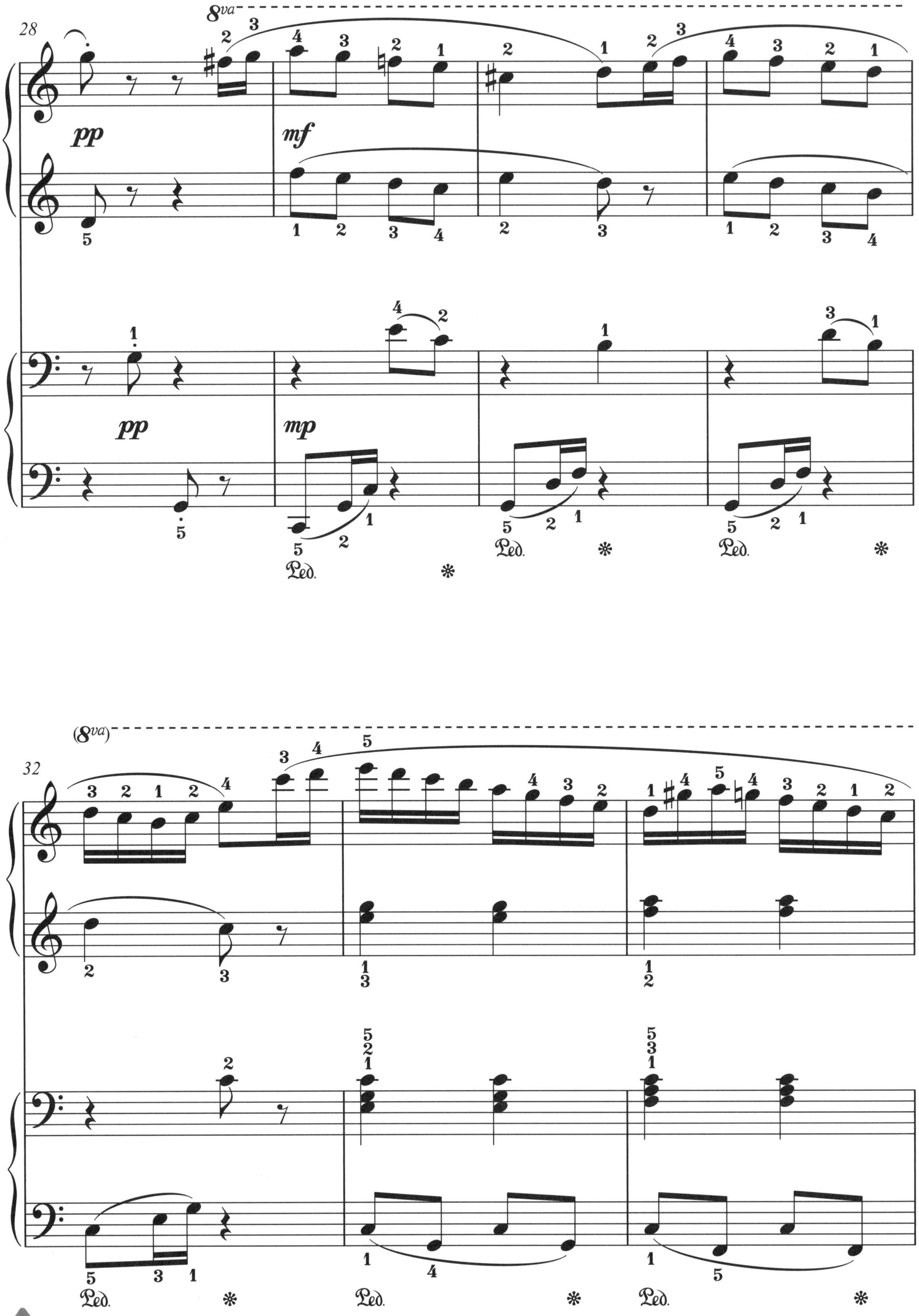
28
8va
pp
mf
pp
mp
Ped.
32
(8va)
Ped.

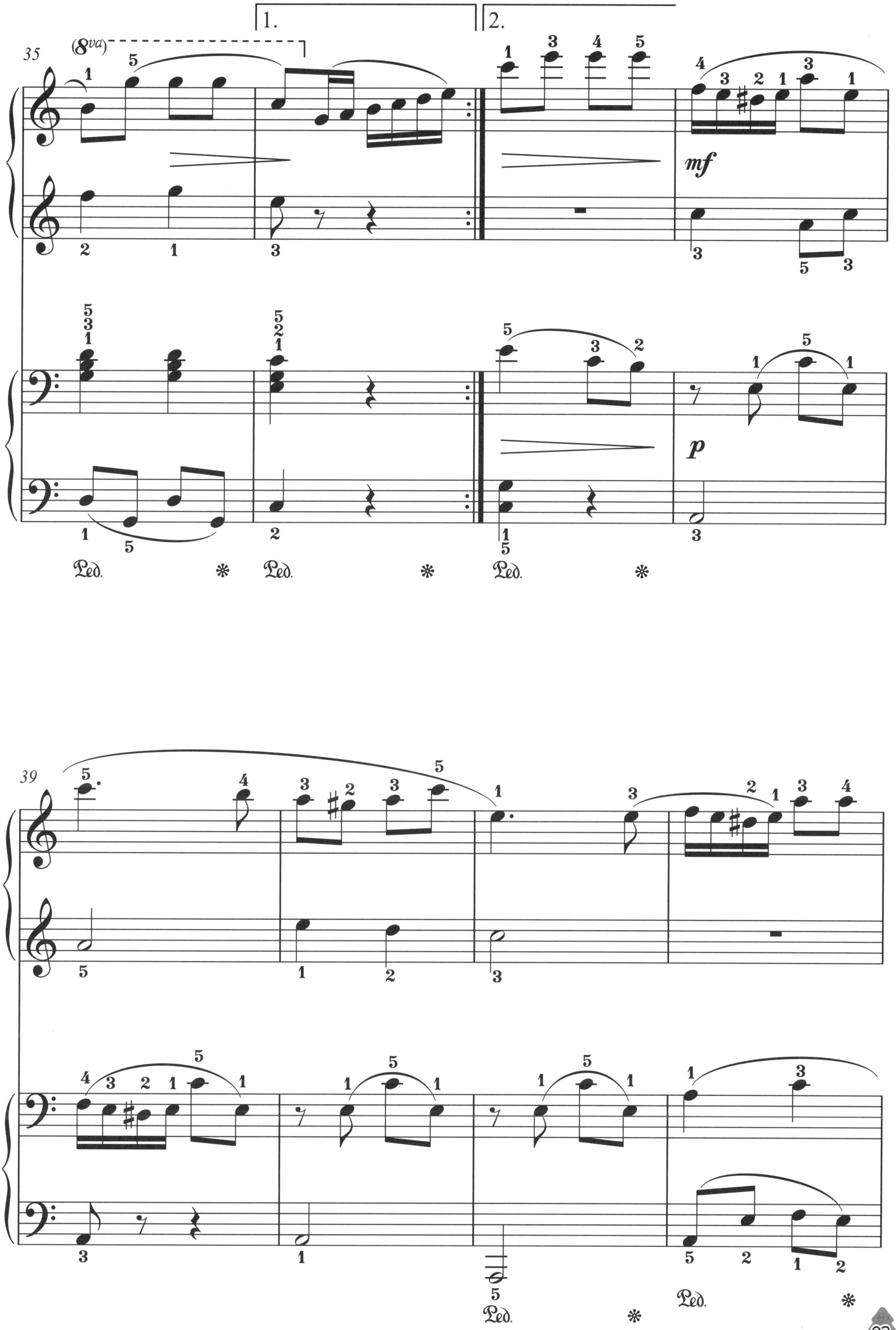

1.
2.
35
(8va)
mf
p
Ped.
39

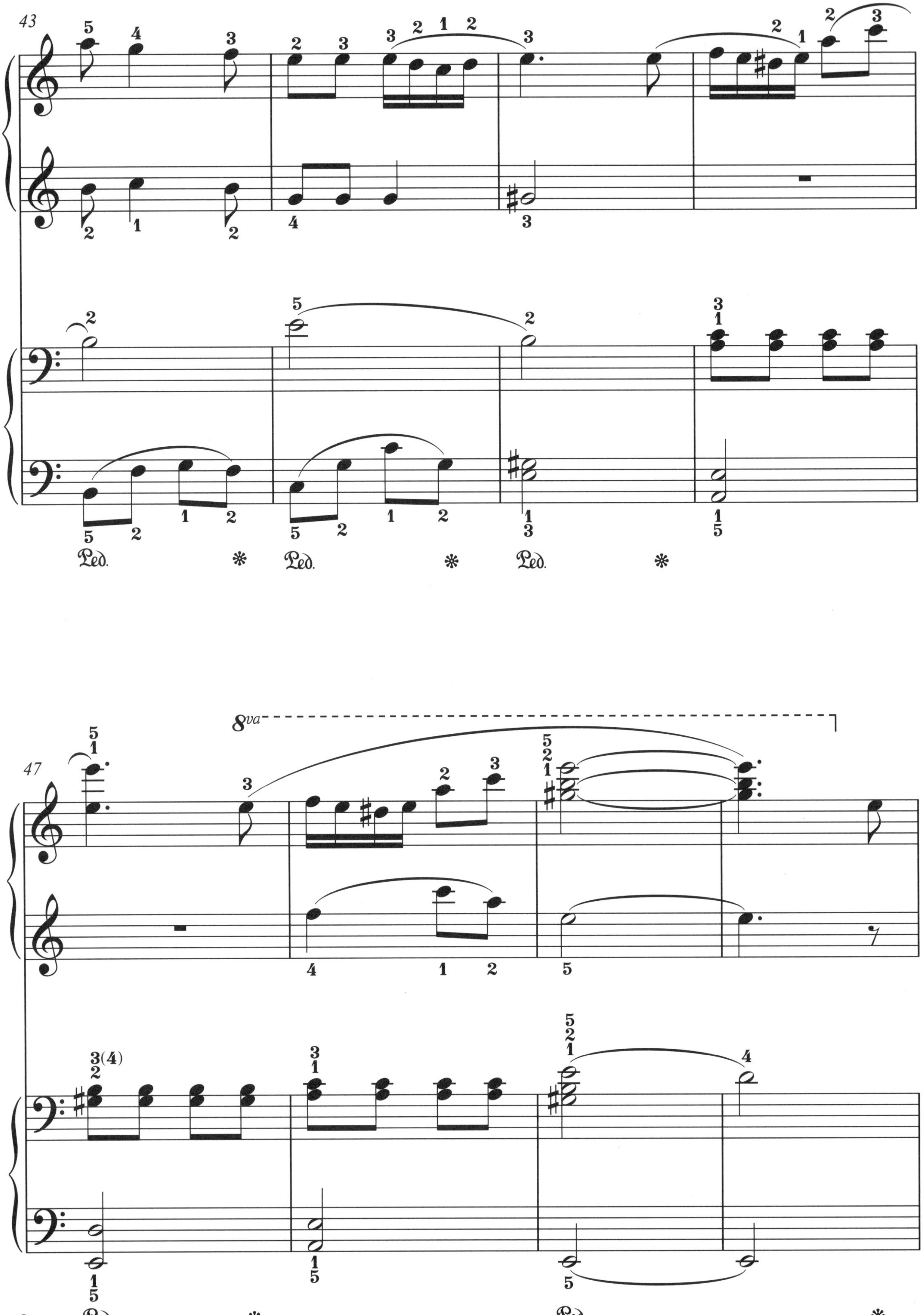
43
Ped.
Ped.
Ped.
47
8va
Ped.
Ped.

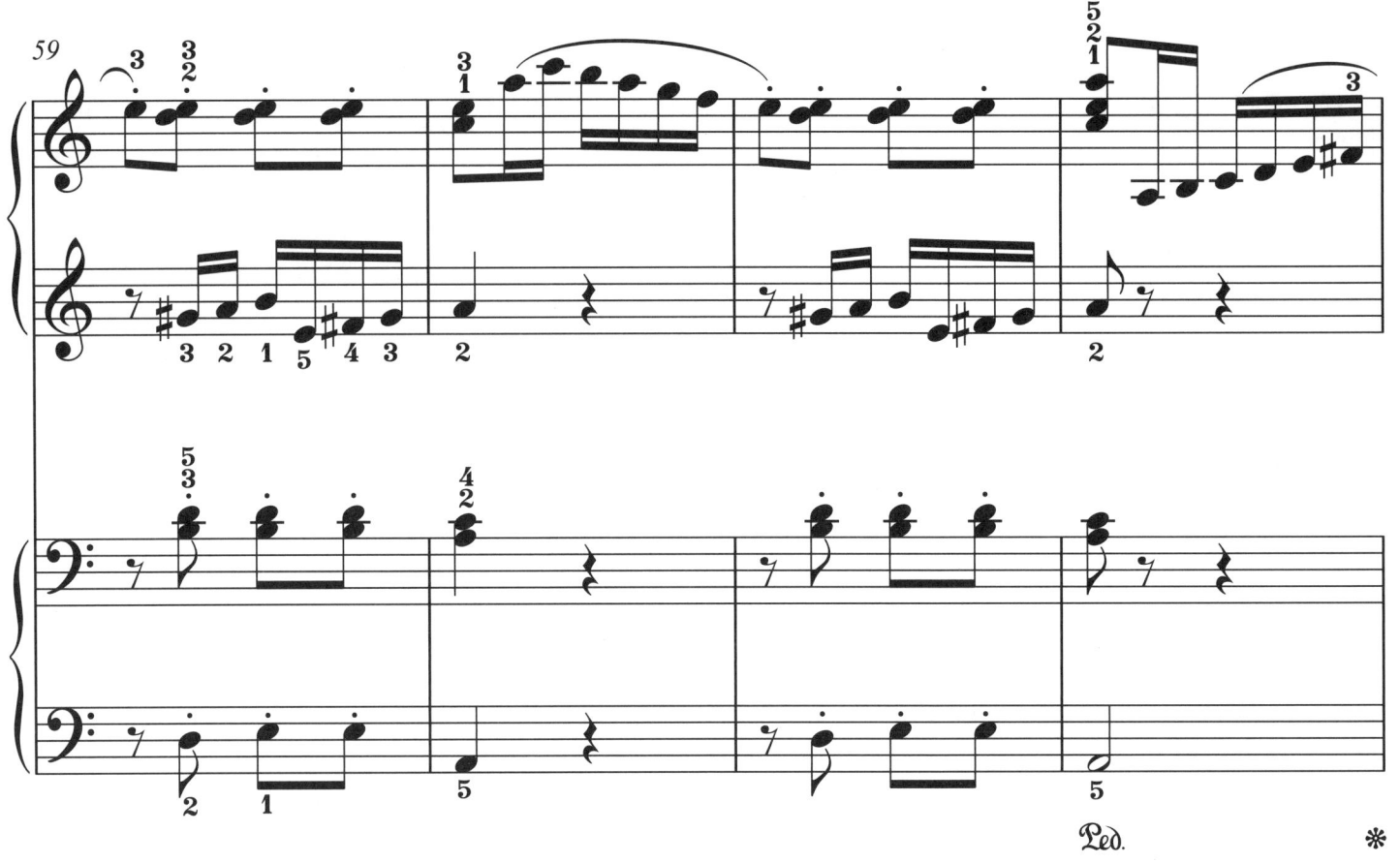

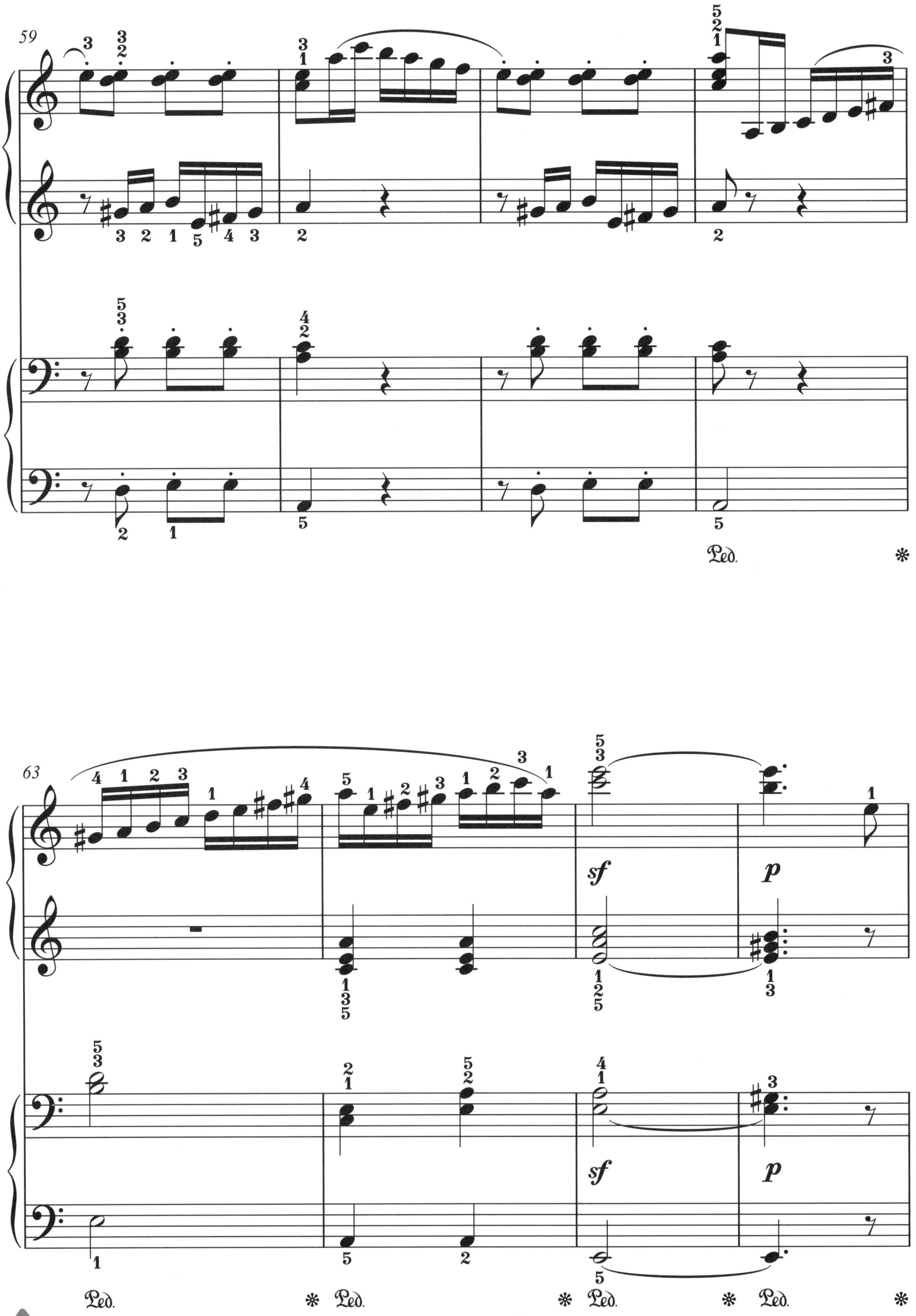
59
Ped.
63
sf
p
sf
p
Ped.
Ped.
Ped.
Ped.

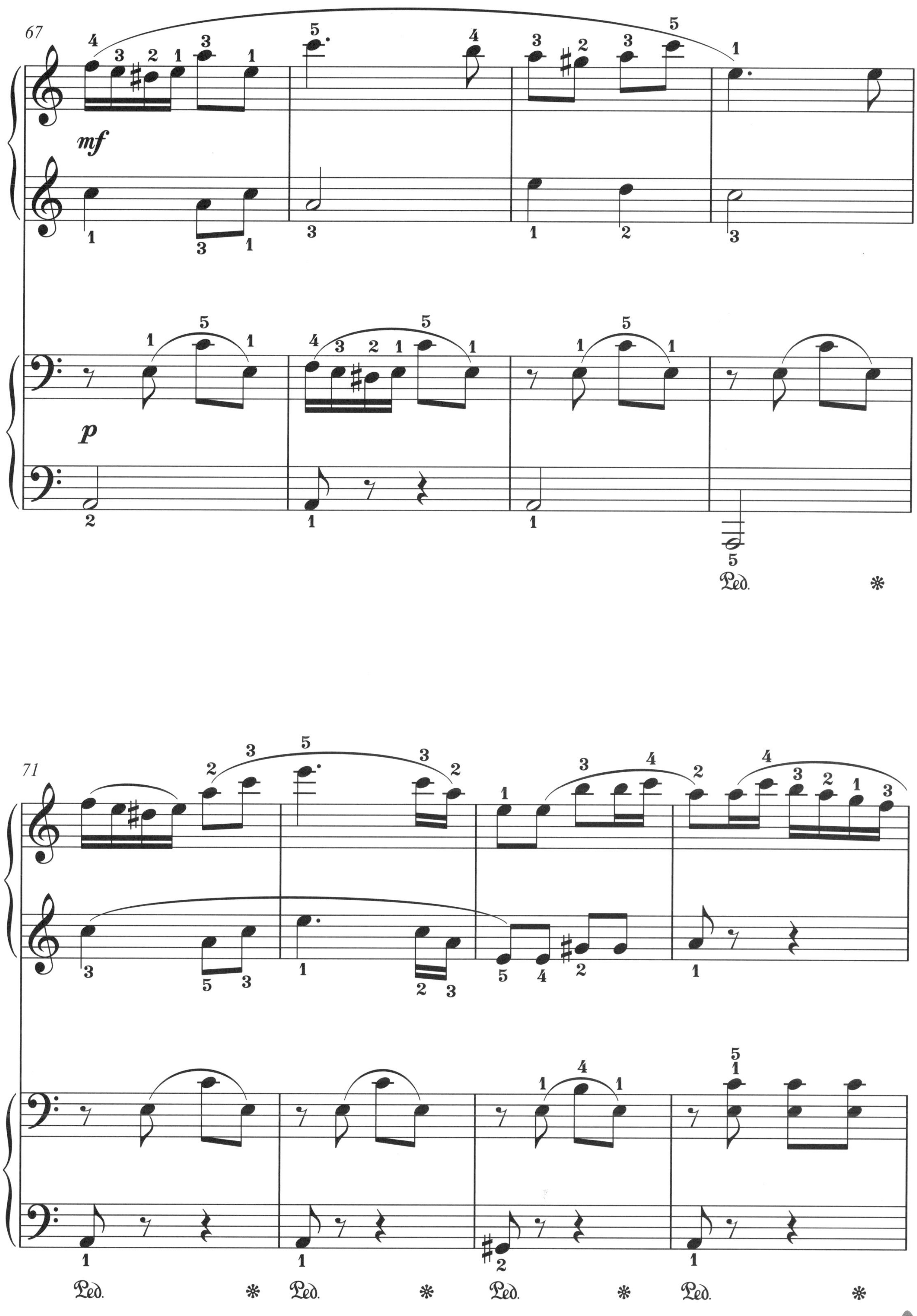
67
mf
p
Ped.
71
Ped.
Ped.
Ped.
Ped.

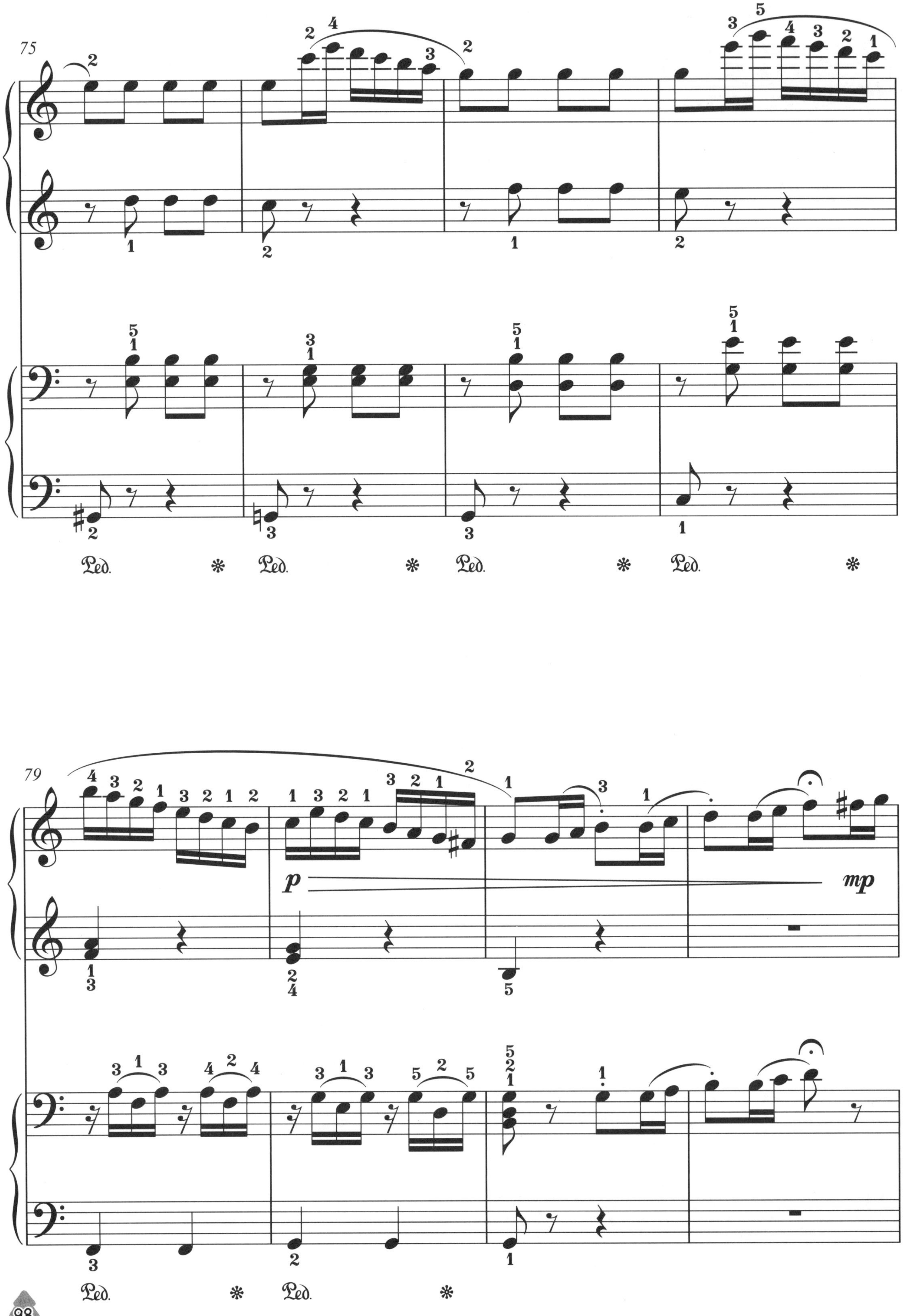
75
Ped.
*
79
p
mp

91
p
Ped.
Ped.
Ped.
Ped.

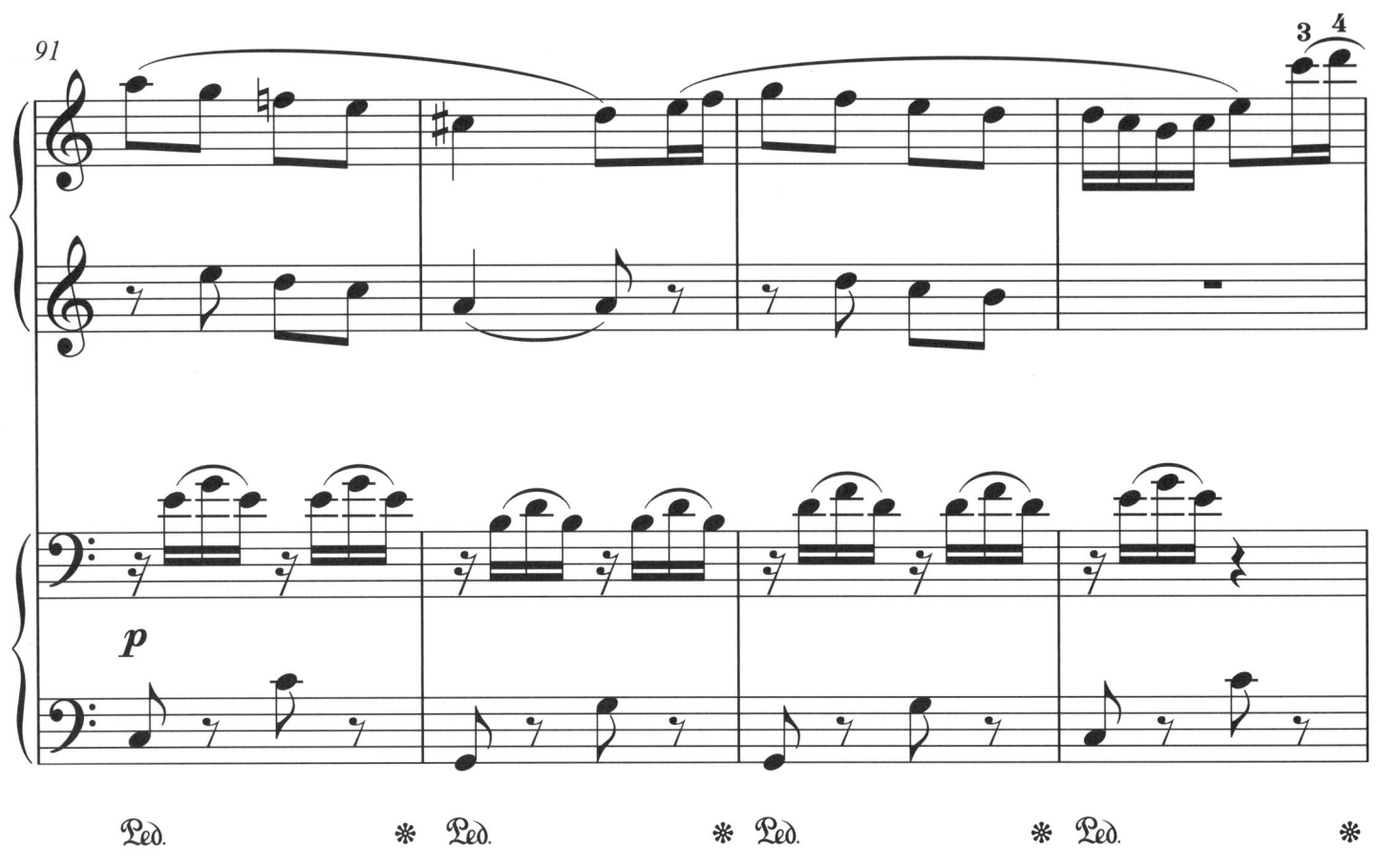

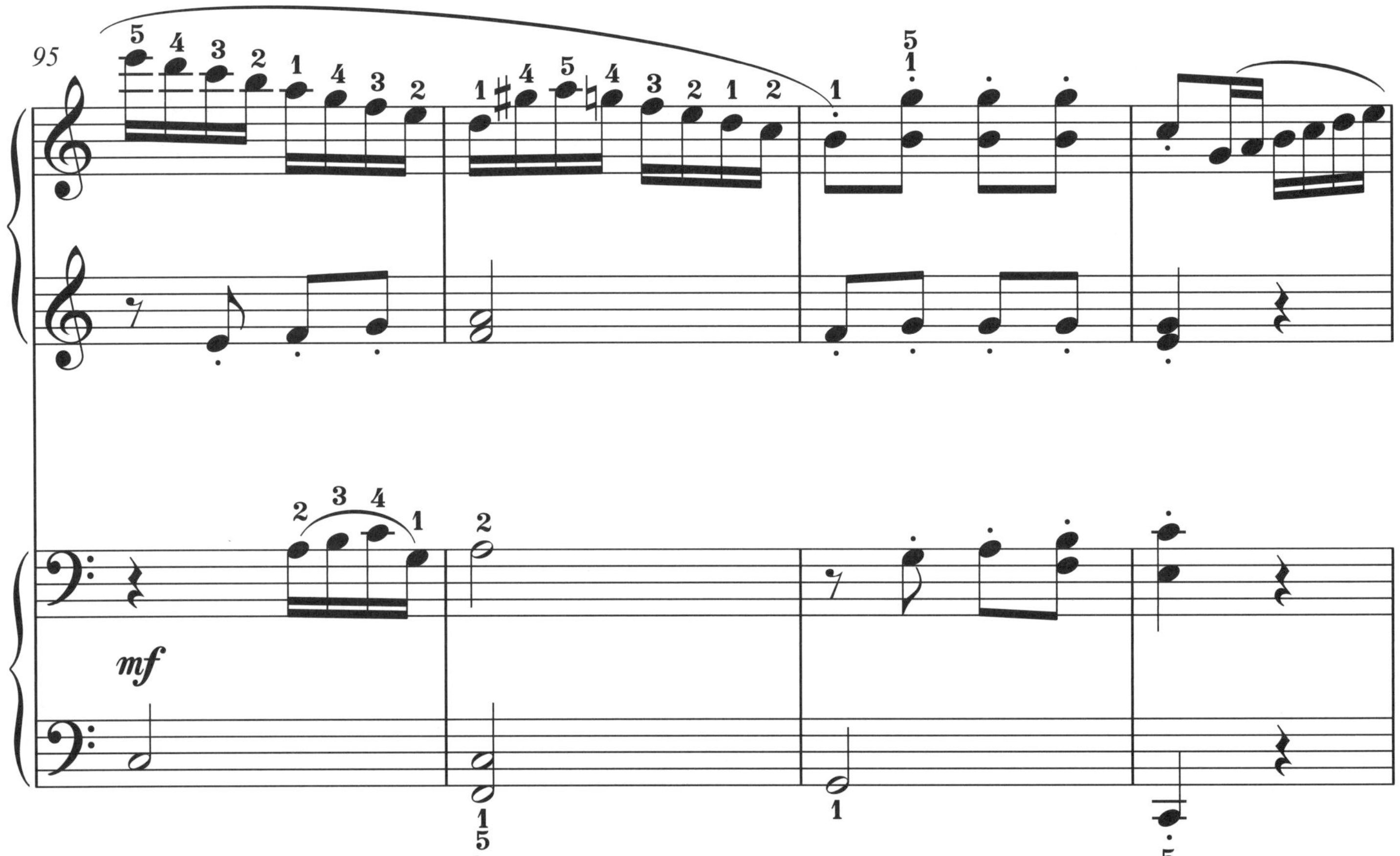
95
mf
Ped.

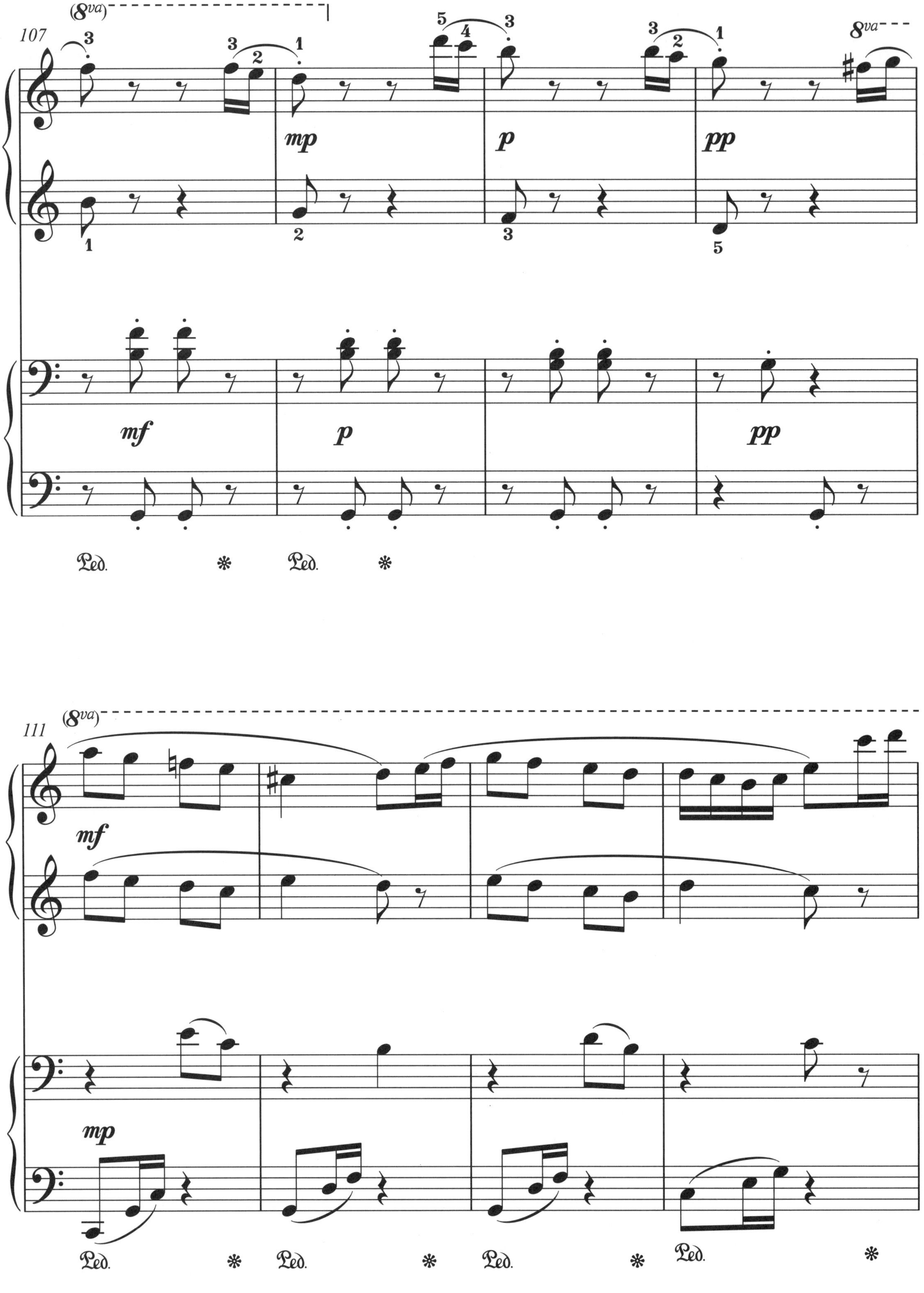
(8va)
107
mp
p
pp
8va
mf
p
pp
Ped.
Ped.
(8va)
111
mf
mp
Ped.
Ped.
Ped.
Ped.

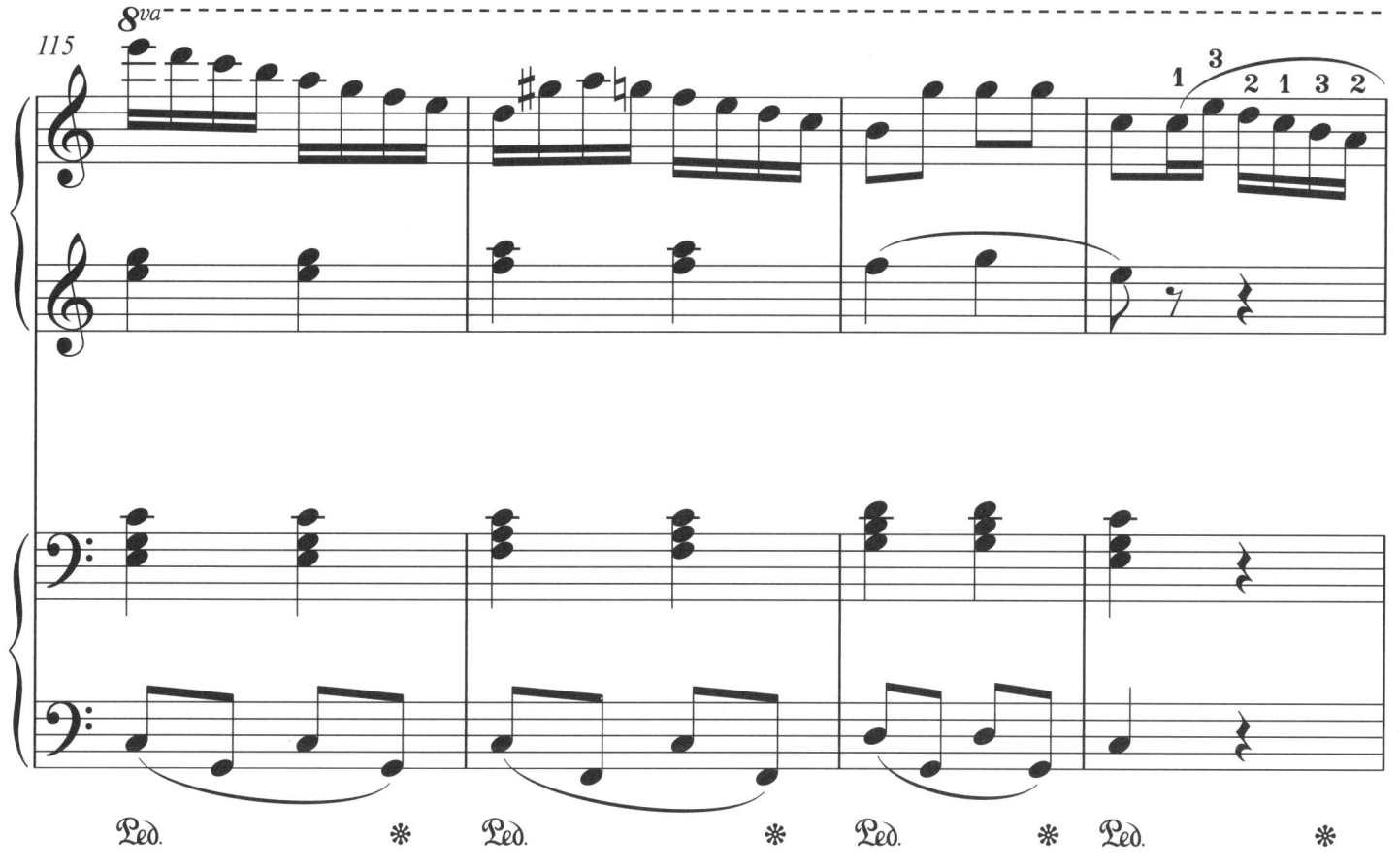

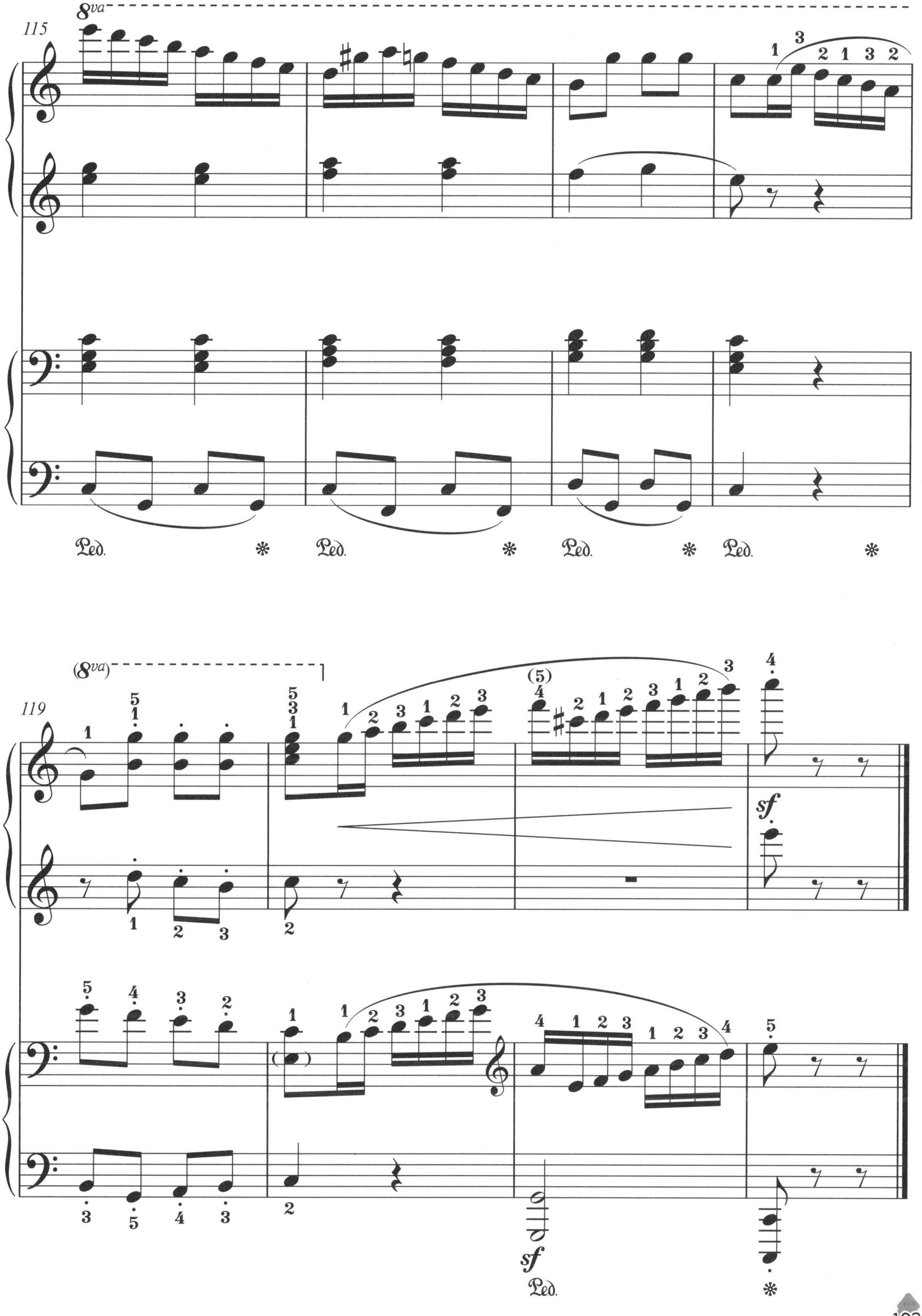
115
8va
Ped.
119
(8va)
sf
Ped.

프로필

조영준

- 모스크바 국립 차이콥스키 음악원 피아노 연주학 박사(Aspirantura) 졸업
- 유리 슬레사레프(Yuri Slesarev) 교수, 알렉산더 베르쉬닌(Alexander Vershinin)) 사사
- 모스크바 체홉 박물관(Дом-музей А. П. Чехова) 및 벨리 잘(White Hall) 독주회
- 라흐마니노프 홀(The Rachmaninoff Hall) 외국인 학생 연주회 출연
- 모스크바 국립 중앙학교(Central Music School of Moscow State Conservatory),
  차이콥스키 우칠리쉬(Tchaikovsky Conservatory Academic Music College)에서
  칼 바인(Carl Vine) 피아노 소나타 1번, 사무엘 바버(Samuel Barber) 피아노 소나타 Op.26 연주
- 세종문화회관 체임버 홀 귀국 독주회 및 모차르트 홀 독주회
  예술의 전당 리사이틀 홀, 예술의전당 IBK 홀, 경기 아트센터 대극장,
  광림 아트센터 장천 홀, 청주 예술의 전당 대공연장, 소공연장, 동탄 반석아트 홀,
  화성 유앤아이, 서산시민회관 등에서 다수의 솔로 및 듀오 및 협연 연주
  화성시 교육협력지원센터 마을 교육기부 등 각종 재능기부 연주 및 기획
  신한은행, 국민은행과 함께 찾아가는 힐링 음악회에서 (사)서울 심포니 오케스트라와 협연
- 협성대학교 피아노과 초빙교수 역임
- 서울기독대학교, 관동대학교, 충청대학교, 안양예술고등학교(전공실기 및 건반화성,
  피아노 앙상블, 반주법, 음악 분석, 음악 감상법, 기독교음악의 이해, 피아노구조와 관리 수업 강의)

현 서울기독대학교겸임 교수
한국음악교수협의회 상임이사 및 5MP 음악감독

저 꿈꾸는 알렉스 콩쿠르곡집
알렉스 피아노 연주곡집 매직 포레스트
더 리틀 포레스트 위드 소나티나

▶ NAVER TV 'Nanpianist'에서 조영준 선생님의 연주를 들어볼 수 있습니다.

더 리틀 포레스트 위드 소나티나   조영준 편저

발행인 박현수
발행처 세광음악출판사 | 서울특별시 구로구 벚꽃로76길 27
Tel. 02)714-0048, 50(내용 문의)   Fax. 02)719-2656
http://www.sekwangmall.co.kr

공급처 (주)세광아트 Tel. 02)719-2652   Fax. 02)719-2191

|**총괄**| 강성호
|**편집 및 교정**| 한송이, 김나원
|**디자인**| 강주연, 유수연
|**제작**| 김상준
|**마케팅**| 강성호, 윤미희

등록번호 제 3-108호(1953. 2. 12)   **인쇄일** 2025. 8
ISBN 978-89-03-31551-3 93670